その言葉「ちょっと待った!」

Fumiko Yasui
安井二美子

花伝社

ちょっと待った！　その言葉◆目次

第Ⅳ部　男性支配社会

はじめに

イルカは「ピューイ」「ピーピー」という口笛のような音を発して交信を行っていると言われています（村田司『イルカ——生態、六感、人との関わり』）。この音は水族館で水槽に耳を近づけると容易に聞くことができるそうです。同書によると、ホイッスルと呼ばれる、この鳴音にはいくつかのパターンがあって、餌を食べるとき、天敵に追われているとき、群れで仲間同士が仲むつまじそうに行動しているときなど、使い分けが認められることから、何らかの会話を行っているのではないかと考えられています。残念ながら、ホイッスルの一つひとつがどんな意味をもつのか、今のところまだ解明されていません。

『メッセージ』は地球人である言語学者が、地球に降り立った異星人の「言語」を解読し、コミュニケーションに成功するという不思議な映画でしたが、イルカの鳴音もいつの日か解読されて、人間とイルカのコミュニケーションが実現するかも知れません。

「人間は社会的動物」と言われますが、イルカも群れで行動し、社会行動が認められます。〈社会性〉という点においては両者は共通していますが、イルカの社会行動は仲間同士の「遊び」に似たものや、メスをめぐるオス同士の争いなど、単純なものに限られているのに対して

（前掲書）、人間と社会とのかかわりは幾層にも重なり、複雑であり、この点において、両者の間に大きな違いがあります。

人間が〈社会性〉をもつということは、人間が操ることばにも〈社会性〉があるということになります。ことばが社会から切り離されて存在しているのではないことは、社会が必要とすることばは存在するのに対して、必要としないことばは存在しないことから窺い知ることができます。例えば、「女医」ということばはあるのに「男医」ということばがないのはなぜでしょうか。ことばが社会から独立し客観的に存在するものなら、「男医」ということばがあって然るべきです。

人間社会には夥しい数の「もの」や「ことがら」があり、一つひとつにことばが与えられています。けれども、人間は世界に存在するすべての「もの」や「ことがら」をことばを通して認識しているわけではなく、それは人間にとって興味があるもの、必要なものに限られ、興味がないもの、不必要なものは素通りしています。ことばは人間から独立して存在するものではなく、常に客観性を備えているわけでもなく、極めて人間的なものではないかと思います。

官庁などでは「買い物難民」と呼ばずに「買い物弱者」と呼んでいますが、そこには「弱者」と呼ぶことによって、「買い物難民」に潜む本質を覆い隠そうとする意図が感じられます。ことばは社会を映し出すものであり、わたしたちはことばを通して社会を理解しますが、逆にことばには社会を覆い隠す働きもあります。「ことばには社会性がある」というとき、そのことばを通して見えてくる〈社会〉は現実社会の場合もあれば、ことばによって故意にゆがめられた社会でもあるのです。

本書の構成

本書は第Ⅰ部多文化社会、第Ⅱ部多言語社会、第Ⅲ部高齢社会、第Ⅳ部男性支配社会の四部に分かれています。いずれもわたしたちが今直面している問題です。「多文化」「多言語」「高齢」「男性支配」によって切りとった社会を、先述の「社会性」に焦点を当てながら考えていきます。

第Ⅰ部は多文化社会を扱います。海外から多くの人が日本を訪れ、日本人の国際結婚も増えました。日本政府も外貨獲得のために観光事業に力を入れ、少子化による労働者不足も海外からの労働力で補う方針です。かつて比較的均質だった日本の文化は多様化が進み、さまざまな異文化との共存がすでに始まっているにもかかわらず、古い意識を引き摺り、新しい文化の受け入れを拒む人は少なくありません。サッカーの試合で一部のファンが掲げたJAPANESE ONLYの垂れ幕はその一つの例です。異文化の受け入れにおける問題点を見て行きます。

多文化社会は多言語社会でもあり、多様な言語が共存する社会です。日本は長い間単一言語社会と考えられてきましたが、これは政治的につくり出されたもので、琉球語やアイヌ語を劣った言語として消し去って来たという歴史を覆い隠したデマゴギーです。第Ⅱ部は、外国語と日本語の共存及び日本語の中にある方言と共通語の共存、男ことばと女ことばの共存などについて考えます。

団塊世代のすべてが後期高齢者になる二〇二五年問題が間近に迫っています。高齢社会は長寿社会でもあり、人生百年が現実味を帯びています。それはわたしたちが長い老後を過ごさなければならない社会でもあるわけです。高齢者にとっても初めて経験する社会であり、過去の経験を参考にすることができません。自分の老いをどう考え、どう生きるのか、政治はそれにどう対応しようとしているのか。今までの価値観で対処できるのか。第Ⅲ部では、これらの問題について、ことばを足がかりに考えます。

第Ⅳ部はジェンダーを扱います。人間には生物学上の分類である性別（セックス）だけではなく、ジェンダーと呼ばれる社会的な性別があります。「男一匹」は辞書に立項されているのに、「女一匹」がないのはなぜでしょうか。生物学的な性別だけでは説明がつきません。日本語は男と女の関係をどう表現してきたのでしょうか。その関係は「男女総活躍社会」というスローガンの下で、新たな展開を見せているのでしょうか。「性別役割分業」はどのようなことばで語られてきたのでしょうか。政治家の失言やＣＭのキャッチコピーから見ていきます。

第Ⅰ部

多文化社会

平成の時代が終わりを告げようとしています。

この30年間を振り返ると、「少子化」「高齢化」「孤独死」「バブルの崩壊」「ネット社会」「格差社会」「非正規雇用」「ワーキング・プア」「過労死」「震災」「テロ」など暗いイメージのことばばかりが目立ちます。

ふと日常生活に目をやると、見慣れた風景の中に多くの外国人の姿がありました。この30年間で日本在住の外国人は約2.5倍に増え、「多文化共生社会」をいかに構築してゆくかは新しい時代の重要な課題のひとつになっています。果たして日本人の意識は共生の方向に進んでいるのでしょうか。

第一章　日本人と外国人

日系〜人と〜系日本人

　中学三年生のとき、同じクラスに両親とともにカナダのトロントへ移住した男の子がいました。昭和三十年代後半の日本が高度経済成長期にあったころのことで、東京には昭和三十年代を描いた映画『ＡＬＷＡＹＳ三丁目の夕日』や『ＡＬＷＡＹＳ続・三丁目の夕日』の風景が広がっていました。

　当時彼と話をした記憶はほとんどないのですが、五十年以上経った今でも一つだけ記憶に残っていることがあります。

　その男の子が移住するため郷里を去る少し前のことだったと思います。担任からの指導で、クラスメイト全員で彼に送別の手紙を書くことになりました。何を書いたか全く覚えていませんが、その後カナダから届いた彼の手紙には、カナダで暮らすことへの不安が綴られていました。英語ができないため、カナダでは小学四年生のクラスに入ったとのことでした。

クラスメイトがどんな事情で海外へ移住したかを確かめる術《すべ》はありませんが、戦前から戦後の一時期まで多くの日本人が移民として海外に移り住んでいます。当時カナダへ渡った人たちも少なくありません。かつて日本は国を挙げて海外への移住を奨励していたのです。

現在日本政府はわずかながら、難民の受け入れを行っていますが、移民は建前としては受け入れていません。けれども、研修などの名を借りて、多くの外国人が労働者として日本で働いています。

労働力の減少は経済の縮小を招きます。現在、「一億総活躍社会」を目指し、女性や高齢者の労働力を活用しようとしていますが、それにも限りがあり、外国人労働者に頼らざるを得ない深刻な状況に陥っています。特に地方では人口が激減し、労働力不足は深刻な問題となり、外国人との共生を積極的に推進しようとしている自治体も少なくありません。

日本政府は労働力不足を補うため一九九〇年出入国管理及び難民認定法を改定し、日系ブラジル人や日系ペルー人を労働者として受け入れています。その多くは明治から戦後にかけて海外へ移住した人たちの子孫です。その子孫が日系人と呼ばれる人たちで、出身国によって日系ブラジル人、日系ペルー人などと呼んでいます。

その一方で、近年留日外国人の多国籍化が進み、中国、韓国、インドネシア、ブラジル、タイ、ペルー、ベトナム、ネパール、フィリピンなど外国人のルーツが多様化しています。かれらの中には日本人との結婚などによって日本国籍を取得する人も少なくないのですが、そのルーツを冠した「～系日本人」という呼称は、ネット上で散見できるのみで、一般的には使われていません。

一九八一年の夏、当時高校生だった、現在パチンコ最大手のマルハンで代表取締役を務める韓裕氏が本名で甲子園に出場したとき、その反響は大きかったそうです。彼はその後韓国籍を離脱し、日本籍を取得しました。当時も法律では、日本国籍取得後の氏名について使用できる文字の制限はあったものの、どんな氏名にするかについての規定があったわけではありません。ところが、法務局の窓口で配布された手引書には、「日本人にふさわしい氏名」にするようにという記述があったそうです。韓裕氏は、日本国籍を取得するのは、日本で生きる一国民の権利を得るためで、ルーツを隠すためではないと主張し、「韓裕」という名前が認められたと語っています。のちに戸籍の読みも、「かんゆう」ではなく、ルーツの「はんゆう」に変えたそうです（『朝日新聞』二〇一七年三月十八日）。名前はその人の存在証明であり、戸籍上の読みを「かんゆう」にするか「はんゆう」にするかは、アイデンティティにかかわる問題だからです。

司馬遼太郎の名作『故郷忘じがたく候』で描かれた豊臣秀吉の命によって朝鮮半島から拉致された陶工師の沈壽官氏は、現在は日本籍と伝え聞きますが、四百年経った今もなお沈壽官という朝鮮時代の名前と朝鮮の作陶技術を伝えているそうです。

わたしの青春時代に「ヒデとロザンナ」の名前で一世を風靡した歌手がいました。数十年も昔のことですから、ご存知の方は少ないかも知れません。日本人の男性「ヒデ」とイタリア人の女性「ロザンナ」によるデュエットです。しばらくして二人は結婚するのですが、ヒデは若くして亡くなり、その後はロザンナが一人で歌手活動を続けていました。

そのロザンナが六十歳を過ぎて最近日本国籍を取得したそうです。なぜ、日本国籍を取得したのか、その理由について、

「自分が死んだあと、日本生まれで日本育ちの子どもたちは、イタリア語ができないため、死亡通知などイタリア政府との手続きができない。子どもに迷惑がかからないよう、日本国籍を取得した」

と、あるテレビ番組で述べていました。

彼女も生活の便宜から日本国籍を取得したにすぎないのです。

日本からカナダに渡ったクラスメイトのことが脳裏に浮びます。今では日本人としての誇りを持ちながら、トロントの地に根を下ろし、日本にルーツを持つ日系カナダ人として暮らしていることでしょう。子や孫に日本の自慢をしているのではないだろうかと想像します。

「帰化」ということばにも問題が

日本国籍の取得が本来の母国や母語などに対するアイデンティティの喪失を意味するわけではありませんが、法務省などで今でも使われている「帰化」ということばから、「日本人にふさわしい氏名」を求めた国の姿勢が依然として改められていないことに気付かされます。

「帰化」の語義を『広辞苑（第六版）』では、①国家という概念が希薄だった時代と②それが明確になった時代に分けています。

①は、「君王の徳化に帰服すること」あるいは「他の地方の人がその土地に移って来て定着すること」と説明しています。

②は「志望して他の国の国籍を取得し、その国の国民になること」または、「人間の媒介で渡来した生物が、その土地の気候・風土に適応し、自生・繁殖するようになること」です。

「帰化」には「帰服する」や「自生・繁殖」の意味が含まれます。「帰服」は服従することであり、自己を否定することによって成立することです。自生や繁殖も、その土地に適応するためには、生物が元来備えていた形や性質を変えなければなりません。変えなければ生き延びることができず、やがては消滅するしかありません。

「帰順」は服従すること、「帰属」も『広辞苑』によると、つくこと、従うことです。「従う」とは相手に逆らわないことであり、自己を否定して、相手の意のままになることを意味します。「化」は形や性質が変わること、あるいは変化させることで、「欧米化」「自由化」「マンネリ化」は、いずれも本来有している姿や性質を変えることによって達成されるものです。従って「帰化」は、何かに、あるいは誰かに従い、おのれを変化させること、自己を否定し服従するという意味を内包しています。

日本国籍を取得することは、もとの国籍を否定することでも、日本に服従することでも、その人の本質を変えることでもないはずです。日本国籍を取得することによって当人の意識が変わることがあったとしても、国がそれを期待するのは御門違いではないでしょうか。

あちらの人とこちらの人

二〇一七年四月二十五日、当時復興相だった自民党の今村雅弘衆院議員は、所属する二階派のパーティで講演を行い、東日本大震災について次のような発言をしました。

「これはまだ東北で、あっちの方だったから良かった。もっと首都圏に近かったりすると、莫大な、甚大な被害があったと思う」

今も苦しんでいる被災地の人たちの傷口に塩を塗るに等しい発言です。自民党内部からも批判を浴び、辞任に追い込まれたのはまだ記憶に新しいことです。

「あっち」は「あちら」のややくだけた表現で、話し手（ここでは今村議員）からみて、地理的、あるいは心理的に離れたところのものや人を指し、話し手に近いところに使われる「こっち（こちら）」と区別されます。日本語の指示詞にはもう一つ、「そっち（そちら）」がありますが、これは「こっち（こちら）」と「あっち（あちら）」の中間に位置するところのものや人を指すのではなく、聞き手の領域内にあるものや人を指すときに使われます。従って、電話の会話では、話し手と聞き手が日本と外国のように遠く離れていても、「あっち（あちら）」とはいいません。次の例のように「そっち（そちら）」になります。

「ロンドンにはもう慣れた？　日本は梅雨が明けて、連日の猛暑だけど、そちらの気候はどう？」

聞き手との会話の中で、聞き手の所持品などに言及するときは「そ」を使います。

あなたは図書館で友人と本を読んでいるとします。友人が読んでいる本が気になり、あなたは友人に尋ねます。

「その本、面白い？　ちょっと見せて」

この関係では「そ」を使います。友人は本をあなたに渡します。あなたは本を手に取って、二、三行読んでみます。面白そうでした。そこで、あなたは手に本を持ったまま友人に

「この本面白そうね」

と言います。本は「そ」ではなく「こ」の領域に移動しています。

ところが、聞き手のものであっても、あなたが聞き手の手許にない本に言及するときには「そ」ではなく「あ」の領域です。

「あなたが紹介してくれた、あの本、えーっと、書名はなんだっけ？」

今村議員の「あっちの方だったからよかった」の「あっち」は、被災地が話し手である今村議員の領域ではないことを表しているだけではなく、聞き手であるパーティの参加者の領域にも属さないということを含意しているのです。

今村議員は当時復興相という日本全体を管轄する立場にありました。「あっちの方」は、彼

の無責任さと東北に対する地理的距離ではなく心理的距離を露呈した表現です。被災地の人たちは、「あっち」ということばから、疎外されたような思いがしたのではないでしょうか。

「あちら（あっち）の人」が特定の人や集団を指すことがあります。

二〇一七年八月二十九日の『東京新聞』は、日本の老人ホームで暮らす在日コリアンが、「あっちの人や」と言われ、いじめられることが多いと報じています。日本という同じ空間で暮らしていても、「自分たちの側にいる人ではない」というわけです。

ところが、現実の日本社会では、「こちらの人」と「あちらの人」を二項対立的に分割するのは容易なことではありません。その境界線があまり明確ではないからです。

国籍上は「あちらの人」に属している人でも、周囲の日本人との関係や、日本社会での知名度などによって、外国人としてみなされないことがあります。

一方、国籍上は「こちらの人」に属していても、外国で生まれ育ち、日本語を話すことができない人が、短期旅行で日本に来た場合、わたしたちは「こちらの人」として迎えることができるでしょうか。

二〇一五年のミス・ユニバース日本代表宮本エリアナさんは父がアフリカ系米国人で、褐色の肌を持っています。国籍は日本ですが、肌の違いによって日本人のカテゴリーからは排除され、差別されたそうです（『朝日新聞』二〇一七年一月三日）。日本では日本人か否かは、国籍によって明確に区分されているはずですが、実際には法律とは異なる基準で判断されていることがわかります。

「向うの人」という人がいます。これも「こちらの人」でなければ、すべて「向うの人」という日本人と非日本人を分けたがる日本ならではの言い方です。

「あちらの人」と「こちらの人」の二項対立は、これらのことばで指示される人々を個々の集まりと見るのではなく、没個性の均質な集団として見ることによって成立するものです。「日本人」と「外国人」を分離し、両者の間に明確な境界線を引こうとするとき、わたしたちは他者の多様性を否定しているだけではなく、自己の多様性をも否定しているのです。

JAPANESE ONLY

スポーツ競技における差別発言は絶えることがありません。二〇一五年十一月サッカーのJ1では、ガンバ大阪のブラジル人パトリック選手に対してツイッターに「黒人死ね」と投稿した高校生がいました。このように、差別は日本に住む外国人プレイヤーに対するものもありますし、逆に海外で活躍する日本選手に向けられたものもあります。

最近では、二〇一七年五月二十八日世界三大レースの一つである「インディ500」において日本人として初めて優勝した佐藤琢磨選手に対して米紙記者の差別発言がありました。「メモリアルデー（戦没将兵記念日）で日本人がインディ500で勝ったのはとても不愉快だ」とツイッターに投稿したもので、この記者は会社を解雇されたそうです。

メジャーリーグで活躍しているダルビッシュ有選手やイチロー選手もアジア人ということで、差別的なことばを浴びることがあるそうです。アメリカのワールドシリーズでダルビッシュ有投手に対して、相手チームの選手が指で目の両端をつり上げ、アジア人を侮蔑するしぐさをしたことが問題になったのは、二〇一七年の秋のことです。その選手は非を認め、ダルビッシュ有選手もメディアの取材に対して、「気にしていない」と述べたことで一件落着となったのですが、これはスポーツ界だけの問題ではありません。

その日三月八日は浦和レッズ対サガン鳥栖の試合が行われていました。場所は埼玉スタジアム2002。二〇一四年のJリーグで行われたサッカーの試合です。観客席で声援を送る多くのサポーターの中で、浦和レッズの一部サポーターが「JAPANESE　ONLY」と書かれた横断幕を掲げたのです。「日本人以外はここに入るな」という意味で使われたそうです。「外国人お断り」ということです。そういえば、不動産の物件にも「外国人お断り」がありますね。

外国人を差別するものとして、多くの批判が寄せられ、浦和レッズはペナルティとして「無観客試合」を行うことになったのです。その試合は、同月二十三日埼玉スタジアムで、サポーターがひとりもいない、報道陣だけが観戦する中で行われ、試合開始前には、浦和レッズの主将阿部勇樹選手が再発防止を誓い、「差別撲滅宣言」を読み上げました。

日本のプロ野球では一回の試合に同じチームから出場できる外国人の数に制限が設けられています。「外国人枠」と呼ばれていますが、ここでいう「外国人」も日本国籍の有無だけで判断されているわけではありません。現在巨人でバッターとして活躍している陽岱鋼選手は台湾出身ですが、「選手契約締結以前に、日本の中学・高等学校・短期大学（専門学校を含む）に通算三年以上在学していた者」に該当するため、「外国人枠」の例外と見なされ、日本国籍を有するものと同等の扱いを受けています。この他にも選手契約締結以前に、日本の大学に四年以上在学したものなど、「外国人枠」に入らない例外を設けています。現実の社会では多様化が進み、日本人対外国人という対立関係では捉えることができなくなっているのです。

日本では、外国人か日本人かの法的な区別は明確で、日本国籍の有無で判断され、日本籍をもっていれば日本人で、もっていなければ外国籍、外国人となります。つまり、日本国籍の人以外はすべて外国人で、日本人以外はすべて外国人ということになります。ところが、実際には、外国人といってもさまざまです。読売ジャイアンツでバッターとして活躍し、国民栄誉賞を受賞した王貞治さんは、日本生まれですが、御父上が中国浙江省の出身で、王貞治さんの国籍は今も中国と聞いています。外国人としての属性は唯一国籍だけではないでしょうか。短期の旅行で日本を訪れた日本語を話せない、服装、容姿を含めた外見がいかにも「日本人らしくない」人もいます。ノーベル文学賞を受賞した、イギリス籍のカズオ・イシグロさんはルーツは日本と述べています。日本籍を持たないという点ではこれらの人々はともに外国人ということになりますが、日本人の受け止め方には違いあるのではないでしょうか。

『外国人とのコミュニケーション』（J・V・ネウストプニー）は次のように指摘しています。

（中略）日本でも、「外国人」という属性は、程度の問題である。普通の日本人、外国で教育を受けた日本人、アメリカなどの二世、日本で育った中国人や朝鮮人、中国からの帰国者、日本に永住している他のアジア人、平均的日本人とあまり外見の異ならない欧米人、アメリカのGI……と、かなり連続性のあるスケールで、それほど世界の他の国の場合と違わない。

いかにもどこから見ても「外国人」という人から、外見、言語、行動様式のどれをとっても日本人と区別がつかない「外国人」まで、さまざまで、一様ではありません。「外国人」と「日本人」の間には「日本人らしい人」「日本人らしくない人」「外国人らしい人」「外国人らしくない人」が存在するということ、日本はそういう人たちと共存する共生社会であること、この二つの認識を確認することが必要です。「JAPANESE　ONLY」を実行するのは容易いことではないでしょう。

「外人」は〈ソト〉の人

「ウチの社長」「ウチの上司」あるいは「ウチにはそういう就労規則はない」などの〈ウチ〉は自己が属する共同体を指しています。〈ウチ〉ということばによって示される共同体は、数人のグループでも可能ですし、もっと大きな共同体でも構いません。家族だけではなく、話し手が所属している集団であれば〈ウチ〉の範疇に入れることができます。〈ウチ〉と対立する概念は〈ソト〉です。

「外人」ということばがあります。『広辞苑』によると、①仲間以外の人。疎遠な人②敵視すべき人③外国人。異人。の意味があり、『大辞泉』でも同様に「外国人」の他に、「仲間以外の人」「他人」の語義が載せられています。

日本が外国を「外国」として意識するのは明治に入ってからのことですから、「外人」は古くは「仲間以外の人」や「他人」を指したもので、近代に入り国家という概念が浸透する過程で、外国人に限定されて使われるようになったのではないかと思います。『大辞泉』は「外国人」の語義のあとに、「特に欧米人をいう」という補足説明を加えています。なぜ欧米人だけを「外人」と呼ぶかについては、詳しくは分かりませんが、ヒントは日本語の片仮名表記にあるかも知れません。日本語では欧米人や欧米の物は片仮名で表記します。ジョン・レノン、トランプ大統領、スパゲティ、スープのように欧米のものは、たいてい片仮名を使いますが、大陸から来た人や物の多くは漢字で表記します。両者に対して日本人は異なる意識をもっているのではないかと思います。

〈ウチ〉である日本人に対して〈ソト〉である「外人」は欧米人ということになりますが、それでは韓国／朝鮮や中国から来た人たちを〈ウチ〉と見ているのかと言えば、そうではありません。〈ウチ〉のカテゴリーにも〈ソト〉のカテゴリーにも入らない不可解な存在であり、位置づけが定まらない不可解な存在は排除したいという心理が働きます。欧米人がヘイトスピーチの対象にならないのは、〈ソト〉の人としての明確な位置づけができるからです。

「へんな外人」とはどんな人でしょうか。日本人には、外国人に対して、「日本人とは異なる言語と文化をもつ人」という固定的な観念というか、信念のようなものがあって、例えば、日本人の中には着る人がほとんどいなくなった着物を上手に着こなす欧米の女性は、日本人より日本人的であり、「へんな外人」になります。着物は特殊な民族衣装であり、それを着こなす外国人は「へんな外人」ということです。たどたどしい日本語を話せば、典型的な外国人であり、日本人と同等か、日本人以上に表現力豊かな日本語を身に付けていると、「へんな外人」ということになります。日本語は特殊な言語である→外国人には習得できない→習得した外国人はおかしい、ということになってしまうのです。

二重国籍

民進党の代表選が行われ、蓮舫議員が代表に選ばれたのは二〇一六年九月のことです。彼女は日本生まれの日本育ちで、国籍も日本にあり、台湾籍は十七歳のとき放棄したと説明していたのですが、放棄したと語っていた台湾にも戸籍が残っていたことが判明し、党内から「国籍問題の説明が不十分」と指摘されて、戸籍謄本などを公開しました。

戸籍の公開は、蓮舫氏が日本人であることを証明するよう求められたからです。本来戸籍は個人情報で、公開を強要するべきものではありません。日本の戸籍は家を単位としていることから、家族関係や出自が記載されています。部落差別という問題もあります。就職に際しても、戸籍や本籍などは個人情報であり、企業が収集することは基本的に禁止されています。二〇〇五年四月から「個人情報保護法」が施行され、二〇〇七年五月戸籍法の大改正が行われ、第三者による戸籍の閲覧は大幅に制限されるようになりましたが、それでも自己の出自や家族関係を証明するような事態はなくならないだろう、といわれています（二宮周平『家族と法』）。蓮舫氏は正にこの例だったのです。

山崎豊子は『二つの祖国』と『大地の子』で、血の繋がりがある父祖の国と国籍との狭間に立ち、思い悩む主人公を描いています。前者は第二次世界大戦中の日系アメリカ人、後者は、いわゆる「中国残留孤児」です。どちらも戦争が引き起こした悲劇ですが、現代の日本社会でも複数の国を祖国とする人がいます。それは増加の一途にあります。グローバル化が進み、わたしたちは自由に海外に移動し、国際結婚も増えました。両親が日本人でも、海外で生まれ育った子どもたちの中には、日本に帰属意識をもたない人もいます。一方で、日本と育った国の両方に帰属意識をもつ人もいます。さらに、複数の国あるいは地域を移動した人は、どこにもアイデンティティを感じないという人もいれば、複数個所にアイデンティティを感じる人もいるでしょう。

多様化の時代といわれる二十一世紀において、国籍を一国に限ることとの合理性について考え直す時期にきているのかも知れません。

韓国の人・朝鮮の人・中国の人

「韓国人」ではなく、「韓国の人」、「中国人」ではなく、「中国の人」などと呼ぶのはなぜでしょうか。これは、「女」が差別的であるため、「女の人」を使うのに似ています。

かたや、「イタリア人」に対して「イタリアの人」、「イギリス人」に対して「イギリスの人」と言い換えるでしょうか。多くの場合「イタリア人」、「イギリス人」と呼ぶのではないでしょうか。「イタリア人」や「イギリス人」は差別的な、マイナス評価を伴わない呼称ということになります。「外国人」はどうでしょうか。わたしの語感では、前後の文脈にもよりますが、差別性は薄いような気がします。外国人に対して差別的な意味合いを込める場合、「外人」が選択されるため、相対的に「外国人」の差別性が弱められるのではないかと思います。もちろん、「イタリア人」「イギリス人」「外国人」ということばが生起する文脈によっては十分差別的なニュアンスを帯びますが、少なくとも「韓国人」「朝鮮人」「中国人」「女」ということばが持つ差別的な響きとは明らかに異なるような気がします。

それでは、「韓国の人」「朝鮮の人」「中国の人」「女の人」と呼べば、これらの人に対する差別がなくなるかと言えば、それほど簡単ではありません。現実にこれらのことばによって指示される人々が差別されている実態があるわけですから、前後の文脈によっては、本来差別的な響きがないことばも差別表現になることがあります。

言語は文化であると言われます。なぜなら、言語も文化も生まれ育つ集団の中で獲得するものだからです。あることばが、どんな意味をもち、どんな使い方をするかは、言語を習得する過程で身に付けるもので、ことばに込められている差別的な意味合いも、同時に学習していきます。

本来なら「韓国人」「朝鮮人」「中国人」は「イタリア人」「イギリス人」に並行して使われるべきものであって、この三者に対してだけ、「韓国の人」のように、異なる呼び方をするのは、逆差別につながるという意見もあり、むしろ「韓国の人」「朝鮮の人」「中国の人」という呼称の方に差別性を感じるという人もいます。呼称だけを替えてみても、本質を覆い隠すだけで、差別自体がなくなるものではないと批判する人もいます。どういう呼称で呼ぶかは、呼ばれる人がその呼称をどう感じるかに尽きるのではないでしょうか。かつて、差別的に使われた「シナ人」というマイナスイメージの呼称を今もなお使い続ける人がいます。「シナ人」は差別用語ではないと主張する人もいます。ですが、「シナ人」と呼ばれる人々がいて、この呼称によって差別され、呼ばれる人たちも不快に感じ、現在も「差別性」を持つものとして問題視されているにもかかわらず、使い続けることに、わたしは意味を見いだすことはできません。

「変わってる。わたしだったら、そういう人は避ける」

わたしの夫は日本生まれ、日本育ちの在日中国人です。結婚したのは一九七四年のことですから、今から四十五年も前のことです。

夫が中国人であることを告げると「変わってる。わたしだったら、そういう人は避ける」といった人がいました。

当時、日本は高度経済成長の真っただ中にあり、「ジャパンアズナンバーワン」といわれる少し前のことです。日本人は日本と日本人を絶対化していました。自己を絶対化する中では、他者は異質なものとして排除され、自己を同じ人間の一人として、相対的に見ることができなくなります。

良いことは長くは続かないといわれますが、その後、日本は経済の長期不況に苦しむことになり、日本社会は少子化と高齢化が進んで行きます。労働力を補うため政府が外国人労働者の受け入れ規制を緩和したこともあって、海外から多くの人が来日するようになりました。外見、言語、文化が異なる人たちと接触する機会が増え、自己を相対化できるようになったのではないかと思います。

国際結婚が増えています。

総務省統計局の調査によると、国際結婚は年々増加し、平成十八年（二〇〇六年）における婚姻総数に占める国際結婚（夫婦どちらか一方が外国籍）の割合は六％に上っています。

当時に比べると、国際結婚に対する理解も深まったように思いますが、ヘイトスピーチのように、差別的発言を公然と叫ぶ人が後を絶ちません。人間の心のうちには差別意識が備わっているのかとネガティブな思いが頭を過ることがありますが、生まれたばかりの子には差別意識はなく、社会的に埋め込まれるものであることは疑う余地のないことでしょう。子どもは生を受けた瞬間から、本能的に自己と異質なものである他者を区別するという人がいます。そうだとしても、区別と差別は本質的に異なるものです。区別することによって差別が生まれますが、誰を、あるいはどの集団を差別するかは、家族、学校、社会の中で、誰が、あるいはどの集団が差別されているかによります。

つまり、差別を受ける人々がいるから差別意識が植えつけられるのであって、差別意識があるから差別される人々が生まれるのではありません。そして、その差別は多くの場合、政治によって作り出されたもので、自然発生的に生まれてきたものではないということも、忘れてはならないことです。差別者も被差別者同様、社会によって作り出されたものであり、差別意識は外の世界との接触を通じて学習されるものです。学習によって身に付けるものならば、消滅させることも学習によってできます。「踏まれた足の痛みは踏まれた人しか分からない」と言われますが、人間には、他人の痛みを自分の身に置き換え、思い遣ることができる想像力をもっているはずです。

日本が国連人種差別撤廃委員会から「差別」と指摘された「外国籍者が公職につくことを阻む国籍条項」「朝鮮高校の学費無償化からの排除」などは、政府自らが陣頭指揮をとって差別の拡大再生産をはかっているようなものです。国連人種差別撤廃条約は一九六五年に国連総会で採択され、世界の九割以上の国が参加する条約ですが、日本がこの条約に署名したのは、採択から三十年たった一九九五年のことで、世界で一四六番目という遅い締約国です。日本政府の差別に対する黙認は、差別の拡大再生産を行っているに等しい行為です。

「多国籍国家」「移民国家」

東京二十三区における今年（二〇一八年）の新成人のうち八人に一人が外国籍で、新宿区では半数近い四五％が外国籍です。法務省の発表によると、二〇一七年の在留外国人は二百五十六万一千八百四十八人で、前年末に比べ十七万九千二十六人（七・五％）増え、過去最多となっています。在留外国人が約百四十万だった一九九六年に比べ、二十年で約百万人増加したことになります。出身地域には、中国、韓国、フィリピン、ベトナム、ブラジル、ネパール、米国、台湾、ペルー、タイなど百九十六の国と地域があり、多彩になっていることも近年の特徴として特記すべき点です。これは留日外国人の多国籍化が進んでいることを意味しますが、日本側の受け入れ体制が整っていないのが現状です。早急に解決しなければならない問題としてことばの壁があります。言語の多様化に対応する通訳を確保するのは容易ではなく、各自治体共通の課題となっています。

更にもう一つ特記すべき点は永住者が急増したことです。日本政府は「移民は受け入れない」という方針ですが、日本はすでに「移民国家」という指摘もあります。

さまざまな問題を抱えながらも、日本は恐らく日本人が考えている以上に急速に外国人との共生社会へ突き進んでいるのではないかと思います。居住地において、外国人と日本人の間でトラブルが生じるのも、それをワイドショーが誇張して報じるのも、急激な社会の変化に日本人の意識が追い付いていないからかもしれません。

日本は少子化による人口の減少とそれに伴う労働力不足を、外国人の流入によって補っていますが、特に地方における人口の減少は外国人に頼らざるを得ないという状況です。

スーパーマーケットなどで、外国人を目にし、外国語を耳にするのは日常のことになっているにもかかわらず、一方で、今ある外国人に対する差別は、中学のとき同じクラスにいた在日韓国人の友人が受けた差別となんら変わっておらず、むしろヘイトスピーチなどでは露骨になっているのではないかと感じます。

労働力不足を解消するため、政府はこれからも外国人の受け入れを増やし、そのために制度の改正を行おうとしていますが、この期に及んでも、在留期間に上限を設ける方針のようです。単身で短期間だけ働きにくる人だけを受け入れる雇用形態は、日本の非正規雇用における労働者の使い捨てを彷彿させます。果たして、そんな使い捨てのような雇用形態に外国人労働者がいつまでも応じるでしょうか。

第二章　人種による分類

「何であんな黒いのが好きなんだ」

二〇一七年十一月二十三日自民党の山本幸三衆院議員が北九州市で行われた三原朝彦衆院議員の会合で、三原議員のアフリカ支援活動に触れて述べたものです。人種差別とも受け取れる発言です。本人は「そんなつもりはなかった」と批判を浴びるやいなや撤回しましたが、公人が公的な場所で公にしたことばは、消えるものではありません。まして、アフリカにルーツをもつ人たちの心の傷は簡単には癒されないでしょう。「つもり」の有る無しに関わらず、心の底に根差している差別意識は同じです。

既成事実のように考えられている人種区分は極めてあいまいなもので、根拠も乏しいものです。

人類の歴史はそれほど古いものではなく、新しいものと考えられています。アフリカで誕生した人類の少数の祖先が地球上の各地に拡散し、地域ごとに独自の進化をしていきますが、集団間で大きな差異を形成するほどには、人類の歴史は長くないということが、最近のDNAの研究で明らかにされています。

『日本人になった祖先たち』（篠田謙一）は日本のルーツについて、次のように述べています。

実際のところわたしたちのルーツを探して時間をさかのぼっていくと、その経路はいくつにも枝分かれし、アジアのさまざまな地域に散らばっていきます。そしてさらに時間をさかのぼっていけば、アジアのなかで複雑に絡み合った道筋がアフリカに向けて収束していく姿が見えます。

次は『人種は存在しない』（ベルトラン・ジョルダン）からの引用です。同様に人の類似性に触れています。

地球で暮らす六十億人の人々の中から無作為に選んだ二人のDNAは、九九・九%が同じである。（中略）この均質性は注目に値する。（中略）一つには、人類の誕生は比較的最近であることだ。現代型の人種（クロマニョン人）の誕生はせいぜい二十万年前である。

われわれ全員の祖先は、十万年ほど前にアフリカで暮らしていた数万人の小集団である。もう一つは、これまでに人類は、大陸から大陸へ渡り歩いてきたことだ。数千年にわたって定住しながら進化したヒト集団があったとしても、ほとんどの人類は、移動、侵略、交易などを繰り返し、他のヒト集団と交わってきたのである。

つまり「人種」間には大きな差異はないということです。わたしたち人類はそれほど似通っているのです。

今多くの人が海外から日本を訪れます。その数が増加したことは最近の傾向として注目されますが、出身国が多様化したことも近年の特徴です。アフリカからも多くの人が日本に来ています。さまざまな国の人たちと共生していくことが求められる今、「あんな黒いの」と排斥するのではなく、いかにして共生社会を築いていくかを問うべきでしょう。

山本幸三議員は批判を受けて釈明をしましたが、この釈明もまた差別表現です。

その釈明というのは、「黒いの」というのは、アフリカが「黒い大陸」や「暗黒大陸」と呼ばれていたのが念頭にあったからで、人種差別を意図したものではない、というものですが、これがそもそも差別的意味を含んでいます。「黒い大陸」や「暗黒大陸」は西欧諸国のアフリカに対する蔑称です。

日本テレビ系の番組の中で、あるお笑いタレントが映画『ビバリーヒルズ・コップ』の黒人俳優エディ・マーフィーに扮し、顔を黒塗りにして（ブラックフェイス）登場したのに対して、多くの批判が寄せられました。ニューヨーク・タイムズ紙やBBC放送などの海外メディアもいち早く報道し、関心の高さを示しています。日本テレビ側の言い分は「差別する意図はなかった」ということですが、意図したものではないとしても、マスメディアに携わるものとして、気が付かないというのは恥ずべきことです。寄せられた意見の中には「日本人には差別意識はなかったのでは」と擁護するものもありました。ですが、自分では変えることのできない身体的特徴を、公共の電波に携わる人たちが笑いのネタにすることは、あってはならないことです。

日本人が描く白人のイラストには、高い鼻が強調されたものがありますが、白人にとっては、侮蔑的な表現であり、こちらに差別する意図はなく、日本人にとって憧れの対象として描いたとしても、身体的特徴を大げさに取り上げられた側は、不快に感じるものです。

再び「何であんな黒いのが好きなんだ」

「何であんな黒いのが好きなんだ」の続きです。ここでは「あんな」について考えてみます。

二〇一六年の東京都議選は自民党にとっては厳しい選挙になりました。都議選の前に行われた都知事選で自民党推薦の候補者が小池百合子現東京都知事に大敗したのを受け、都議選も自民党にとって不利な選挙戦となっていました。当時安倍晋三首相は支持率も低下していました。

そんな折、安倍首相の口から次のことばが出たのです。

「こんな人たちに、皆さん、負けるわけにはいかない」

場所は東京の秋葉原。この都議選を通じて安倍首相が唯一行った街頭演説の中での発言でした。大勢の聴衆が首相の選挙カーを取り囲んでいました。聴衆の一部が「帰れ」「辞めろ」という首相に批判的なコールを浴びせたとき、演説の中でこう言ったのです。

指示詞の「これ」や「あれ」が人を指す場合には、蔑む感情を含むことがあります。「あの人が言ったことです」も「あれが言ったことです」となれば、「あれ」で指示された人に対する軽視や蔑視といった、マイナスの評価が表れます。特に、「あんな」や「こんな」にはマイナス評価を強化する働きがあるようです。

数十年も前になりますが、「こんな女にだれがした」という歌がありました。「こんな」を使うことによって、自己に対するマイナス評価を表しています。

「こんなことも知らないのか」「あんなところには行きたくない」のように、否定的に使われることが多く、「そんな……」といえば、「そんなバカな」が慣用句として浮かんできます。

「なんであんな黒いのが好きなんだ」の「あんな」も、マイナス評価です。

「差別意識はなかった」と弁明していましたが、明らかに差別的な意味合いでつかわれたものです。

マスコミでは「黒い」が問題になっていましたが、「あんな」を使った時点で、すでにアウトです。

人種は存在するか

生物と無生物の間には、どちらに分類するか、定まらないものがあるそうです。『生物と無生物のあいだ』（福岡伸一）によると、「ウイルスは生物と無生物のあいだをたゆたう何者かである」そうです。ウイルスを生物とするか無生物とするかは、生物をどう定義するかによって違ってきます。「ウイルスは、栄養を摂取することはない。呼吸もしない。もちろん二酸化炭素を出すことも老廃物を排泄することもない。つまり一切の代謝を行っていない」という点では無生物の範疇に入りますが、「もし生命を『自己複製するもの』と定義するなら、ウイルスはまぎれもなく生命体」です。「ウイルスが細胞に取りついてそのシステムを乗っ取り、自らを増やす様相は、さながら寄生虫とまったくかわるところが」ないということです（前掲書）。

生命体と非生命体という、一般的には疑う余地がなく、当然あるもののように考えられてきた分類さえも、その境界線は不確かであることに驚きを覚えました。

数年前東京のある私立中学の入試問題が話題になったことを思い出します。

猫型ロボットのドラえもんはなぜ生物ではないのかという問題だったのですが、この出題に対して、「ドラえもんが生物ではない」という規定そのものに問題があるという指摘がありました。生物と無生物の境界線をどこに引くかによって、ドラえもんも生物に分類することが可能という反論です。仮に自己増殖ができるか否かによって、生物と無生物を区別するなら、ドラえもんのポケットにあるさまざまな道具を使えば、自己増殖することができるというものです。

ウイルスが生物と無生物のどちらのカテゴリーに入るかはなにを基準にするかによって異なるようですが、人種による区分も、確かな基準があるわけではありません。どのような基準を設けるかによって、黒人と白人の分類も違ってきます。

アメリカの黒人差別は未だになくなりません。オバマ氏がアメリカ史始まって以来の最初の黒人大統領になったのは十年ほど前ですが、任期を終えた今もなお黒人差別は解決できていません。いかに根深いかを物語っています。

アメリカの黒人差別も、肌の色の違いを以て白人と黒人を分類するとき、同じ両親から生まれた兄弟でも、肌の色が異なる場合があります。この場合、同じ両親から生まれても、兄と弟では人種が違うことになります。現実にあったことです。また、見た目は白人でも、何代か遡ると黒人の血が混じっているというケースもあります。黒人の血を引くという認定は何代前まで遡ればよいのか、基準を定めるのは容易ではありません。差別する側の人間にとっては、黒人と黒人以外の人たちをどう分けるかは、自己を正当化するためにも重大な問題と思われますが、有効な分類基準はないとも言われています。

分類基準を定めることができない対象をあえて分類しようとする背後には政治的意図があるのでしょう。人種により人類を分類することの危うさを感じます。

第三章　料理に見る多文化

和食と洋食

「和洋折衷」の「和」は「洋」の対立概念です。「和風建築」に対して「洋風建築」、「和式トイレ」あるいは「日本式トイレ」に対して「洋式トイレ」、なども同様です。「和食」ということばが使われるようになったのはそう古いことではありません。時代が江戸から明治に移行し、洋風の思想や生活様式が移入される過程で、その対立概念として「和」が強く意識され定着したものです。それまで、日本は食文化に限らず、法律、宗教、思想など多くのものを中国からとり込んできました。けれども、大陸から伝来したものはならうべき「手本」として受容してきたのであって、「和」と対立するものと認識しておらず、「洋」と対立する「和」の概念が生まれるのは、明治以降のことです。

和食がユネスコの無形文化遺産に登録されました。そこで、「和食とは」という定義づけに対してインターネットなどで議論が起きています。和食の定義で常に問題となるのは、日本独自のものがあるのか、という点です。そこには日本の文化の多くは中国や朝鮮から入ってきたもので、日本固有のものを特定するのは難しいという背景があるでしょう。この点はフランス料理にもいえることで、これがフランス固有の料理だと断定するのは難しいそうです。最近のフランス料理では日本の昆布だしを使うところもあるそうですから。

中華料理は、他の地域の食文化に影響を与えましたが、逆に近隣の地域から食材、料理方法、調味料などを取り入れ、中華料理に改良を加え、今の形になったといわれています。

料理は元来他の地域の食文化と接することによって発展してきたもので、料理に国境線あるいは境界線を引くのは難しい作業ですが、それでも、和食の特徴らしきものがあるとすれば、素材本来の味を活かそうとすることではないでしょうか。これは、日本の造園に対する考え方とも共通しています。日本の庭園は自然に近いものが求められ、人の手が加えられたことを可能な限り見せまいとします。和食も、あまり手を加えないことを特徴の一つとして挙げることができるのではないでしょうか。従って調理方法も至ってシンプルです。日本は四方を海に囲まれ、河川が急流で、生水が飲めるほど澄んでいるため、新鮮な海の幸が手に入りやすい環境にあります。ただし、このことが、調理技術が発達しなかったことの原因となったと考えることもできます。一方、中国では多くの料理方法が考え出されています。内陸は海岸線から遠く、新鮮な海産物を届けるのは容易ではありません。鮮度が落ちたものを料理しなければならないため調理技術が発達したといわれています。中国で乾物が発達したのも、このためです。

最近日本の食生活は乱れているといわれますが、「乱れる」と捉えるかどうかは、議論の余地がありそうです。

飲食店は地方の小さな町でも駅前には二、三軒はあります。デパートの食品売り場では多種多様な惣菜が並び、「中食」ということばも生れています。ファーストフード、コンビニエンスストアやスーパーマーケットの惣菜、お弁当。これらによって、簡単に空腹を満たすことができる一方で、日本の伝統的な食文化の崩壊を招くと危機感を抱く人がいます。日本には、インド料理、タイ料理、中華料理、韓国/朝鮮料理、ベトナム料理、トルコ料理、フランス料理、さらには無国籍料理といったものまであり、これらの料理が和食に与える影響は小さいものではないでしょう。和食が変容していくのは必然です。

ですが、伝統的な食文化が変容してゆく一方で、新しい和食も生まれています。この変化は、和食の衰退ではなく、進化と思えませんか。本来食文化に国境はなく、どの国あるいは地域に属するものか、判然としない、極めて主観性の強いものですが、コアの部分では和食らしきものが残っていくような気がします。

東京お茶の水にあるフレンチレストランのメニューに、フォアグラ丼があります。甘辛に煮たフォアグラを赤飯の上にのせた丼です。フォアグラが好物だったタレント大橋巨泉さんのリクエストによって考え出されたものですが、器は丼ではなく、西洋皿を使っています。今ではフォアグラ丼を提供するレストランが増え、珍しいメニューではなくなったようです。家庭でも簡単に作ることができます。フォアグラはがちょうあるいは鴨の肝臓で、冷凍のものを比較的容易に手に入れることができます。作り方は簡単。フライパンで解凍したフォアグラを焼いて、酢、みりん、醤油などで好みの味付けをしたら、丼にご飯を入れ、その上に焼いたフォアグラをのせて、タレをかける。これで出来上がりです。ご飯をチャーハンにすれば、中華風になり、赤飯にすれば和風になります。器を和風のものにすれば、更に和風の雰囲気を強く出せるかも知れません。フランス料理だけではなく、和食あるいは中華としてのフォアグラ丼も「あり」です。

従って、和食なのか、中華なのか、洋食なのかは、程度の問題であって、実際には何料理と特定できないものが多く存在し、その中のいくつかは、次に見るラーメンのように、やがて代表的な日本料理と呼ばれるようになるかも知れません。

ラーメンは日本食

『東京新聞』に次のような記事が載っていました。

海外でも人気の日本食。中でも、すし、刺身、ラーメンは世界に通じる日本食の代表格。しかし所変われば微妙な違いが。お国柄を感じさせる食べ方や楽しみ方を、特派員が紹介する（『東京新聞』二〇一八年一月二十日）。

ラーメンって日本食？　しかも、すし、刺身と肩を並べる日本食の代表格？　スープ、黄色いそば、丼、どこをみても中華ではないですか。

中国にルーツがあるラーメンですが、新横浜にはラーメン博物館もあるぐらいですから、ラーメンがいかに日本の食文化に浸透しているかが理解できます。日本の食文化は中華料理の影響を受けていますが、中国の麺《めん》料理はなかなか日本人の嗜好に合わなかったようで、『ラーメンの誕生』によると江戸時代までの日本人は中国の麺料理を嫌っていたそうです。日本のそうめん、そば、うどんに比べ、脂っこい味の中国の麺類を好まなかったことや、殺生を嫌ったことが要因と考えられています。天武天皇の殺生禁断令から一千年以上禁忌であった肉食が解禁になったのは、明治に入ってからで、明治天皇が自ら肉食解禁を宣言したのが明治五年のことです。解禁されたものの、獣肉を食べる習慣がなかった日本人が肉食を受容するにはある程度の時間を必要としました。特に豚肉が主流の中華料理（当時はシナ料理と呼ばれていた。以下この記述は省略）の受容には西洋料理より更に長い時間を要し、大正に入ってようやく中華料理のブームが到来します。ですが、ラーメンの爆発的な普及は、敗戦後、旧満州（中国の東北地方）から引き揚げて来た日本人によってもたらされたもので、それが戦後の食糧難によって栄養失調状態にあった日本人の中に受け入れられ、全国へ広まっていくことになったのです。

余談になりますが、明治維新まで日本人は獣肉を全く口にしなかったか、というと、そうではありません。一部の人には食されていました。

江戸時代牛の屠畜と牛肉の製造を公認されていた彦根藩は、鎧などの武具や陣太鼓に使用する皮をはいだあとの牛肉を食用に供していました。彦根藩の名物であった牛肉の味噌漬けは、今もなお、その伝統を受け継いでいます。彦根藩主の井伊家では、寒中見舞いの贈答品として、将軍家などに贈っていました。当時は牛肉を食することが禁じられていたため、「養生肉」と称して贈られていたそうです。

牛肉を好んだ水戸の徳川斉昭《なりあき》は豚肉も好物だったと言われています。琉球を支配した薩摩藩・島津家では、琉球使節を接待するため江戸時代においてすでに豚肉料理が作られていました。当時獣肉を食用にすることは禁じられていましたが、ごく一部の人たちの間では、好まれていたようです。斉昭の息子慶喜は豚肉を茹でて食し、「豚公方《ぶたくぼう》」と呼ばれていました。豚汁もつくられていたそうです（滝川昌宏『近江牛物語』）。飲食に関しては「食わず嫌い」ということばがあるように、嗜好は保守的なものですが、淡泊な日本食に比べて、濃厚なその味はひとたび口にするとさぞかし美味に感じられたことでしょう。

更に横道に逸れますが、中国では「肉」といえば多くの場合豚肉を指します。中国語の「肉包（肉まんじゅう）」は特に断り書きがなければ、中身の具材は豚肉です。肉の代表格は豚肉ということになります。現在の中国では高級食材になっている「牛肉」は、牛が農耕の道具であったことから食用にすることを禁じた時代がありました。ノーベル文学賞を受賞したパール・バックの『大地』は中国のある貧農の一家を描いた小説ですが、飢饉に見舞われ食糧が底をつき、主人公の農夫が飼っていた牛を屠殺することを決心したとき牛に「よく働いてくれた」と声をかける一節が印象深い作品でした。農民にとって牛は労苦を共にする特別な存在であったことが理解されます。一方、日本の関西地区では、「肉」といえば牛肉を指します。従って、東京近辺で使われている「肉まん」は、関西では「豚まん」と言います。関西で「肉まん」と言えば、牛肉と錯覚する人がいるからです。もっとも最近ではコンビニが全国に進出し、「肉まん」の製品名で販売されているため、関西でも「肉まん」の肉を牛肉と考える人は少なくなっているでしょうが。

横道に逸れついでにもう一つ。おにぎりの形は関西は小さい俵状、関東は三角形、東北は丸い形と地域によって特徴があったらしいのですが、これもコンビニの全国展開の影響からか、三角形が他の形を駆逐したようです。こうして食文化は融合してゆくものかも知れません。

ラーメンに話を戻します。

中国における麺類の食べ方は炒めたもの、茹でた麺をスープに入れたもの、煮込んだもの、油で揚げたもの、調味料で和えたものなど、地域によって千差万別ですが、麺の形や細さにも多くの種類があります。スープも鶏肉、豚肉、鶏骨、豚骨などからとったもの以外に、少数民族の麺料理には豆乳をスープにしたものもあります。

近年日本で人気が高まっている中華そばに「蘭州牛肉麺（蘭州拉麺）」があります。これは中国の西北に位置する甘粛省蘭州の名物で、蘭州はイスラム教徒も少なからず暮らしており、スープは牛肉を主体にしています。「蘭州拉麺」の「拉」は「引っ張る」という意味の動詞で、「麺」は小麦粉を意味します。中国語は目的語が動詞のあとにくる、英語と同じSVOを基本文型とし、「拉麺」は「小麦粉を引っ張る」あるいは「引っ張った小麦粉」のことです。小麦粉をこねたものを両手で何度も引っ張り、二本が四本に、四本が八本にと引きのばして細麺にしたものをいいます。ガラス張りのショーウインドウで引き延ばして細麺にしていく作業を実演し、客や道行く人に見せるレストランもあります。ラーメンという名の由来はこの「拉麺」にあるとも言われています。「拉麺」は本来「煮込みそば」「焼きそば」と言った料理方法を指すことばではなく、食材であるそばの作り方あるいはその形を指したものです。

一方、中国の麺類の一般的な食べ方であるタンメンは、中国語の漢字表記は「湯面」、発音は「タンミエン」です。「湯面」の「湯」は、日本語の「お湯」ではなくスープのことで、「湯麺」はスープに入れたそばを意味し、こちらは料理方法を表したことばです。基本は塩味です。日本のラーメンは「湯麺」に改良を加えたものといわれています。

今日、日本でラーメンと呼んでいるものは、中国の麺類を日本人好みの醤油味にしたり、昆布や鰹節の出汁を加えたり、トッピングとして、チャーシュー・メンマ・ナルトを添えたりして完成させたもので、日本人の嗜好に合う味に変えることによって、庶民の食べ物として定着したものです。日本のラーメンの源流はもちろん中国ですが、中国のどの地域のものだったのか、どんな味付けだったのか、詳細は分かっていません。恐らく、長い時間をかけて、複数の地域から入って来たものが、日本人の嗜好に合うように変容し、国民食と呼ばれるラーメンへと収斂したのでしょう。

最近はほとんど聴かなくなりましたが、チャルメラの音とともに売り歩く屋台のラーメンは安価な夜食を提供してくれたものです。受験勉強をしていたころ、夜チャルメラの音がして、兄といっしょに食べに行ったこと、夜は外が静かなため音が伝わりやすいのか、近くで聞こえたように思ったチャルメラが、探してみると存外遠かったこと、遠い記憶が甦ってきます(ラーメンの歴史に関する記述のほとんどは『ラーメンの誕生』に負う)。

ここで忘れてならないのは、今や国際的な食品になったインスタントラーメンとカップ麺です。どちらも日本が産んだ世界の食品です。本家本元の中国でも、「方便面」と呼ばれる、独自のカップ麺を製造販売しています。料理に時間をかけることを厭わない中国人も、嗜好にも合う上に簡単に食べられるインスタントラーメンは人気の食品になっています。

文化庁の調査資料によると、ラーメンは訪日外国人観光客の満足した日本食ランキングで、寿司を抑え、トップでした。

『東京新聞』の記事によると、ワシントンでは近年バーを併設したラーメンレストランが注目を集めています。メニューの表記は、そのまま「Ｒａｍｅｎ」。カクテルや焼酎といっしょにラーメンを味わうそうです。

同記事に記載されているラーメンレストラン「チャプリン」の店主アリ・ウィルダー氏の話からも、ラーメンは日本食と認識されていることがわかります。

「日本のラーメン屋はもちろん知っている。だけど、音楽も会話もなく、飲み物を合わせて楽しむこともない。僕たちはもっとエネルギッシュな雰囲気の中で日本食を楽しみたいんだ」

音楽を聴きながら、ラーメンをすする。カクテルのそばにラーメンが……。日本でも、酒類を出すラーメン屋がありますが、ラーメンは庶民的な食べ物というイメージがあるため、バーの雰囲気とマッチしないと思ってしまうのは、固定観念でしょうね。いずれ日本でも見慣れた風景になるかも知れません。

中国から入って来た麺類が、日本で日本人の嗜好に合うように改良され、日本食として海外へ進出する。そして、さらにそれが現地の食文化と融合し、再び日本に入ってくる。食文化はこんなふうに混ざり合って進化していくものなのでしょう。

ラーメンが「国民食」となり、今日国際的に「日本食」と認識される地位を得るに至ったのは、醤油を使い、鰹節などによって、日本人好みのさっぱり味にするという「日本化」があったからです。

餃子も日本食

中国から伝来した食文化は調理技術、食材、食品、食習慣などにおいて日本の食生活にさまざまな影響を及ぼしています。伝来したものの受容されなかったもの、受容されたが定着しなかったもの、伝来後日本独自の進化を遂げ、日本食になったものなど、中国から渡って来た食文化が辿った道は一様ではありません。

中国から入って来た食べ物の中でラーメン同様日本食と呼ばれるまで広く普及したものに餃子があります。餃子は中国北方の食品で、庶民の間で好んで食されるものです。

餃子もラーメン同様日本全国に普及したのは、旧満州から引き揚げてきた人々によるものです。中国の餃子と日本のそれとの根本的な違いは、食事における位置づけにあります。前者が主食として認識されているのに対して、後者は副食としてご飯とともに食されます。主食か副食かという食事における位置づけの違いは、味や食感だけではなく、注文の仕方にも関わってきます。

日本では焼き餃子にしてご飯の副食にしますが、中国では茹でる水餃子が主流で、主食として供されるものです。皮も日本のものより厚く、皮が主食の役目を果たしています。食感も日本の餃子の皮がパリパリと歯ごたえが良いのに対して、中国のそれはもちもちしています。この水餃子の「もちもち」感はご飯の食感に似ています。このため水餃子は米中心の日本の食生活に定着しなかったのではないかと思います。注文の仕方も日本と中国では異なります。日本では個数か皿の枚数で注文しますが、中国の伝統的な注文方法では、個数や皿の数ではなく、皮に使った小麦粉の重量によって価格が設定され、販売されています。中国では米飯も、一杯、二杯という茶碗の数や一人前、二人前という人の数で注文するのではなく、重量で注文します（近年は日本のような注文方法も採り入れているかも知れません）。餃子が米飯同様主食として食されていることが分かります。注文方法の違いも、主食と副食という食事全体における位置づけの違いから来るものです。

近年日本の食品メーカーや飲食店が海外で日本風餃子の販売を展開しています。餃子も、薄い皮、焼き餃子、副食という日本独自の食べ方を生み出すことによって、国民食となり、今では日本料理として海外に広がりつつあります。日本の食文化は、刺身のように比較的独自性の強いもの、餃子やラーメンのように日本化した外来食品、まだ一般化していない典型的な外来食品と多種多様で、その境界線もあいまいです。

餃子やラーメンは外来の食文化を日本化したものですが、逆に日本の伝統料理が外来文化と融合し変容したものがあります。回転寿司の中には天ぷらやハンバーグをネタにしたものがありますが、わたしには手が出ないメニューです。ところが、子どもの頃から見慣れている人にとっては「寿司ネタは魚」という固定観念がなく、天ぷらやハンバーグをネタにした寿司も日本食として、違和感なく受け入れることができるのかも知れません。

あんぱんとカレーライス

二〇一八年から小学校で使われる道徳の教科書八社二十四点六十六冊が検定を経て、世に出ました。

小学校の道徳の教科書には、盛り込むべき内容として、善悪の判断、親切、思いやり、感謝、友情など二十二項目が示されています。この二十二の中に、「我が国や郷土の文化と生活に親しみ、愛着をもつ」という項目があります。ある出版社の教科書が文部科学省から、この内容が盛り込まれていないとの指摘を受け、申請時、物語の中に登場した「パン屋」が「和菓子屋」に差し替えられました。

「パン」は日本の文化ではないのでしょうか。

それなら、お茶は？　中国から伝わったものです。

お米だって、日本本来のものではありません。

お箸はどうでしょう。中国から伝わったものだとしても、日本は割りばしという便利なものを発明しました。今では箸は日本食になくてはならないものになっています。

わたしたちが毎日身にまとっているのは洋服です。日常の生活の中で、なくてはならないものであり、日本の平均的服装になっている洋服も本来日本のものではありませんが、今では世界で活躍する日本人デザイナーも少なくありません。

パン屋さんには、小豆でつくったあんが入ったあんパン、緑豆をつぶしてつくったあんを包んだうぐいすパンが売られています。いかにも日本的な感じがするのはわたしだけでしょうか。桜が咲く季節には、桜あんパンが売り出されます。和風そのものではないでしょうか。

パンは十六世紀にポルトガル人が来航したとき伝えられたといわれています。古い歴史をもち、すでに日本の食文化として定着しています。

カレーをライスにかけるカレーライス、カレーを包んだカレーパン、カレーをのせたカレーうどんは、日本ならではの食品です。

カレー南蛮だって、日本風ではないですか。カレーうどんは明治時代、カレーパンは昭和の初期にはあったそうですから、とうの昔に、日本の食文化に浸透していますよね。

カレーは、明治の初期にカレー粉がインドからイギリス経由で入ってきたのが始まりといわれています。今では日本各地で、当地で生産される食材を使ったレトルト食品が売り出されるなど、日本の食文化そのものです。食べ方も地域によって特徴があり、ソースをかけるところもあるそうですから。

カレーライスを和食と呼ぶのは、違和感があるという人も、「我が国や郷土の文化と生活に親しみ、愛着をもつ」ことができる食文化であることには疑問はないと思うのですが。

第Ⅱ部

多言語社会

かつて、日本は「一言語一文化一民族」の国と言った政治家がいますが、果たして……。

明治以来政府は欧米諸国に伍するため国民の意識を一つにまとめ、中央集権国家を建設する必要がありました。その過程で方言が否定され、言語の一本化を図りましたが、その結果は……。

日本には日本語以外にさまざまな言語が存在しています。スーパーマーケットなどで外国語を耳にすることは日常茶飯事になりました。日本社会の多言語化は今後も拡大していくと考えられます。

一方日本語にも標準語、方言、男ことば、女ことばなど多様なスタイルがあり、相手や場所に応じて最も適当と思われるスタイルを選択しています。女性だからといって、常に女ことばを話しているわけではありません。

第一章　日本語と異言語の共存

日本語と外国語の共存

「多言語社会」あるいは「多言語共生社会」ということばをよく耳にしますが、ここには二つの側面から見た多言語性があります。

若い年齢層だけで使われることばを特に「若者ことば」と呼んでいますが、この「若者ことば」と他の年齢層が使うことばは、「今の若いものはことば遣いが乱れている」と批判されながらも共生しています。ジェンダーの視点から見た「女ことば」と「男ことば」の共生もあります。日本語には「方言」があり、消滅の危機に瀕しているといわれますが、今なお「方言」は「標準語」「共通語」と共存しながら生き続けています。更に日本語の中には中国からの帰国者や日本在住の外国人が話す日本語があり、これは母語話者が話す日本語と非母語話者が話す日本語との共生です。

わたしたちが日本語を話すとき、常に標準語を話しているわけでもなく、常に方言を使っているわけでもありません。女性が常に女ことばを使っているわけでもなく、男性も男ことばだけを使っているわけではありません。若者も上司と話すとき、就職活動で面談するとき、それほど親しくない同年代の人と話すとき、見知らぬ人に道を尋ねるとき、など状況に合わせながら、言語のスタイルを変えています。多言語性の一つ目の側面とは、日本語にあるさまざまなスタイルが共生する状態であり、日本語の下位カテゴリーとしての「多言語社会」です。

もう一つの側面は、社会の中に複数の言語が存在する状態です。例えば、アメリカンスクールで使われている英語、中華学校の中国語、朝鮮学校の朝鮮語、留学・就労・旅行などのため短期間日本に住んでいる外国人が使う母語などです。

二〇一七年四月十八日の『日経新聞』が報じたところによると、江崎グリコは全国に約二万台あるアイスの自動販売機で原料に含まれる成分などを英語や中国語など五言語で説明するそうです。日本コカ・コーラは十五種類の言語で製品情報を提供する自販機を二〇二〇年までに全国で八万台に増やす計画です。

日本政府観光局（ＪＮＴＯ）の発表によると、日本を訪れた外国人旅行者の数（推計値）は二〇一七年十二月で二千八百六十万人を超え、前年比一九・三％の伸び率になっています。

労働者として日本で働く外国人の数も、厚生労働省の発表によると二〇一六年十月末の時点で初めて百万人を超えました。前年比一九・四%の増加です。日本で暮らす外国人は人口の約二%で、これは、約二百二十三万人の外国人が日本人とともに暮らしていることを意味します。国別に見ると、最も多いのが中国籍で全体の四割を占めています。従って、日本で使われている外国語は、中国語が最も多く、次いで韓国語・朝鮮語です。このデータから日本は複数言語が共生する社会であることが理解できます。

駅の交通案内、公園の案内地図、商店の看板など、日本語と複数の外国語が併記されている光景は少し前なら想像できなかったのではないでしょうか。デパートのアナウンスも複数言語で行われています。この日本語と異言語の共生は今後も続いていくだろうし、拡大していくのではないだろうかと思います。

わたしたちはこの多言語社会にどう向き合えばいいのでしょうか。

世界には五千ほどの言語があると言われています。どの社会であれ、多かれ少なかれ多言語の状況にあること。日本社会においても例外ではないこと。更にその状況はこれからも続いていくであろうこと。先ずこの現実を直視することではないかと思います。そして、日本語はマジョリティではあるけれど、多様な言語の一つに過ぎないということを自覚し、マイノリティである他の言語を尊重することではないでしょうか。

美しい日本語

岩波書店（東京）が行った日本語力調査（十代から七十代の男女、インターネット）において、正しい日本語・美しい日本語を「とても身に付けたい」と「やや身に付けたい」と考える人が八五・九％に上ったそうです（『東京新聞』二〇一七年十月十三日の報道から）。

ことば遣いや話し方は話す人の知的レベルを測る指標となり、多くの人が「正しい日本語」「美しい日本語」を話せない人は知的レベルが低いと考えているようです。「正しい日本語」「美しい日本語」を話せば、知的レベルが上がるわけではないと思いますが……。

結婚式で、いかにもマニュアル本に書かれたものと思われる祝辞を述べる人がいますが、日本語として正しくても聴く人の心に響かないと思います。形に拘るあまり、内容が空疎になっているのです。

一般的に「美しい日本語」には二つの解釈ができます。

「これは大きい」といえば、言外に小さいもの、あるいは基準となるものとの比較があり、「長い」と判断するためには、「長くない」もの、つまり基準とする「長さ」があることを含意しています。「美しい」も同様に、ある基準に照らして「美しい」と判断されるのであり、この基準となるものが何かによって、二つの解釈が成立します。

一つは「美しい日本語」と対立するのは「美しくない日本語」であって、日本語の中には「美しい日本語」と「美しくない日本語」があるという解釈です。

「美しい日本語」が「美しくない日本語」と対立する概念なら、「美しい日本語」は標準語を想定しているのでしょうか。あるいは、「美しくない日本語」とは、乱暴なことば遣いを指すのでしょうか。「女ことばは美しい日本語」という人がいますが、女性が女ことばをつかわなければ、そのことばは美しくないのでしょうか。

日本語を母語とする人のほとんどが地域語か、地域語の干渉を受けた共通語と呼ばれることばを使っています。「美しい日本語」は地域語（方言）をどう考えるのでしょうか。日本語を話す人の中には、日本語を母語としない人がいます。日本語を母語としない人たちの日本語は流暢でないかも知れませんし、日本語の規範を犯すものかも知れません。それは「美しくない日本語」でしょうか。

もう一つは、日本語を日本語以外の言語との対比構造の中で捉えた場合の「美しい日本語」です。「美しい日本語」ということばには、「他の外国語に比べて」が隠されています。あからさまに日本語以外の言語は美しくないという人はいないと思いますが、果たして、他の言語は日本語ほど美しくないのでしょうか。

特定の言語の優位性を語るとき、その先には自己の言語の絶対化があり、それは多くの場合異言語に対する排他性を伴うということを忘れてはならないでしょう。

手話という言語

二〇一三年鳥取県で初めて手話言語条例が制定されました。手話を言語と認めることによって、手話に対する理解が深まり、防災、医療、交通、その他施設における情報提供が改善されるという利点が指摘されています。聴覚障害は、加齢などによって、だれにでも起こる可能性があるものです。鳥取県以外でも制定された自治体があり、また現在検討中の自治体もありますが、まだ不十分な状態です。全国的に普及することが期待されます。

手話は言語である。これは、国連総会で二〇〇六年に採択された障害者権利条約の定義です。他の言語が音声を媒体にしているのに対して、手話は手の動きなどを媒体とする言語です。日本国内では改正障害者基本法が成立し、言語に手話を含むと規定されました。同法律の第3条三は次のように記しています。

第3条（地域における共生等）

三　すべての障害者は、可能な限り、言語（手話を含む）その他の意思疎通のための手段についての選択の機会が確保されるとともに、情報の取得または利用のための手段についての選択の機会の拡大が図られること。

手話は「手話語」として、言語の一形態であると定義されましたが、駅や役所などで、中国語や英語による情報サービスは不十分とはいえ、改善されつつあり、「多国籍国家」「多言語社会」ということばが生まれ、意識の変化も見られる一方で、「手話語」に対する理解は深まっていないのが現状です。手話を英語などと同じように手話語という言語と位置づけ、授業に取り入れた高校がありますが、まだ全国的な広がりを見せてはいません。公共の施設などで、テレビ電話を設置し、手話通訳者と会話ができるサービスを徹底させる、大学などの選択科目に取り入れるなど、早急に取り組むべき課題です。

手話には日本手話と日本語対応手話があり、日本語対応手話とは口話法（唇の動きを読んで相手が話す内容を理解する方法）と併用しながら日本語を手で表現するものですが、日本手話とは日本語と異なる文法をもつ独立した言語です。

日本は琉球語然り、アイヌ語然り、稀少言語を否定することによって、日本を「単一言語社会」へ導こうとしてきました。その結果、これらのことばは壊滅状態に瀕しています。手話を言語と認識することは、琉球語、アイヌ語、在留外国人が使う言語などへの理解に繋がり、日本が多言語社会であることへの認識を広げることにもなると期待されています。

第二章　日本語の多様性

非母語話者が話す日本語

ゼンジー北京という手品師がいます。

中国服を着て、「ワタシチュウゴクハヒロシマシュッシンアルヨ」という中国人が話す日本語を真似た漫談を交えながら手品を演じています。

わたしは寡聞にしてこのような日本語を使う中国人を知りませんが、先日テレビのスイッチを入れたところ、萩本欽一さんと劇団ひとりさんがスキットを演じていました。劇団ひとりさんが演じる中国人も、ゼンジー北京さんと同様、服は中国服で、話すことばはゼンジー北京さんの「ヒロシマノシュッシンアルヨ」に類する、助詞を省略したものでした。

今、中国人、特に男性は中国服を着ません。日本の男性が着物を着ないのと同じです。欧米でタレントが着物を着て、日本人の特徴である、LとRを区別しない英語を話し、日本人を揶揄するような番組が放映されたら、日本人はどう思うでしょうか。不愉快ではないでしょうか。ごく一部の人たちの特徴がその人が所属する集団全体に拡張されて、その集団全体が同じ特徴をもっていると考えられている、いわゆる「ステレオタイプ」です。

中国人はこういう話し方をするものだと、個人的なものかも知れない特徴によって、中国人全体を一括りにして、自分たちとは異質な存在と見なしているのです。そこには、理解し受け入れるのではなく、排除することにつながりかねない危うさがあります。日本語の多様性を考えるとき、わたしたちは日本語を母語としない人たちとも共生しているのだということを忘れてはならないでしょう。

差別は差別される集団に自己が所属する集団とは異なる特徴があって、その特徴があるために差別が生まれるというより、むしろ政治的につくりだされた被差別集団があって、その集団全体にあるとされる特徴を取り上げ強調することによって、差別が再生産されていきます。その再生産の道具として有効に働くのが言語です。アメリカで日本人が差別されるとき、LとRの区別がつかないことを揶揄されることがあるのも、差別される日本人がいて、その差別を拡大再生産するために、言語が働いている一つの例でしょう。

ことば自体に差別性があるわけではありませんが、「正しい日本語」あるいは「美しい日本語」という価値基準は、その基準を満たさないことば遣いを無価値なものとして区別し、差別することになりかねません。「正しくない日本語」を話す人たちの存在を知り、理解することが先ず求められることです。

オーストラリア、シンガポール、インドなど英語を公用語とする国がありますが、イギリスの英語とは少なからず違いがあるといわれています。まして、日本人が話す英語には、奇妙な表現もあるのではないでしょうか。恐らく、奇妙な英語だと思いながらも、英語の変種としてイギリス人は受け入れているのではないかと思います。それは英語が国際語として認識されているからです。

非母語話者の日本語には、文法、発音などに誤りがあるかも知れません。稚拙な日本語かも知れません。日本語が、それらの「正しくない日本語」「美しくない日本語」に晒されることを嘆く人もいますが、それが国際化であり、日本語もようやく国際社会に参入したということです。

多くの外国人が共生する現代の日本において、非母語話者が話す日本語もことばとして尊重されるべきではないかと思います。日本語に対する理解がまだ不十分な非母語話者に対しては、「ご起立ください」ではなく、「立ってください」、「ご参集ください」ではなく、「集まってください」など、平易なことばに言い換え、情報の提供を行うことが必要となるでしょう。日本では、災害時の避難マニュアルを「やさしい日本語」で作成するなどの取り組みを行っている自治体もあり、NHKでは「やさしい日本語によるニュース」（NEWS WEB EASY）

を提供しています。災害時に、ことばが分からないことによって起きる二次災害を防ぐため、外国人住民とどのようにコミュニケーションを図るのか。自治体のきめの細かい対応が重要になってきます。

「方言」対「標準語」

韓国で行われた平昌冬季オリンピックで、日本の女子カーリングチームが銅メダルを獲得しました。カーリングはチームワークが勝敗を左右する競技で、試合中もメンバー同士が密にコミュニケーションを図っています。その作戦について選手間で交わされることばはすべて選手が装着しているマイクを通して観客席に流れ、観客は臨場感を味わうことができます。平昌オリンピックに参加した選手は、全員が北海道北見市出身で、マイクから流れて来る「そだね」という北見ことばが話題になり、早くも今年の流行語大賞になるのではないかと噂されています。

方言を話すということは、その方言を使う地域や共同体への帰属意識の表明になります。カーリングの選手たちも、同郷であるということは強みであり、共通の方言を使うことによって仲間意識を高めることができるのではないかと思います。

関西に住んでいたわたしは子どものころ、夏になるとよく「なんば」を食べました。「なんば」ってごぞんじですか。とうもろこしのことです。語源は「南蛮黍（なんばんきび）」かも知れません。今では関西でも「なんば」と呼ぶ人は少なくなって、とうもろこしが一般化しているようですから、この意味においては、方言は消えつつあるという意見も理解できないことではありません。

「方言」が方言として明確に意識されるのは、明治以降といわれています。「標準語」という概念の対極にあるのは「方言」です。明治政府は中央集権国家を形成する過程で、言語を統一することによって、国を一つにまとめようとしました。その過程で地域差が大きい方言は否定され、価値があるのは「標準語」であって、「方言」は価値がないものという位置づけが定着してゆきます。

『〈性〉と日本語――ことばがつくる女と男』（中村桃子）が指摘しているように、外国文学の翻訳を見ると「標準語」と「方言」がどのように認識されていたかが理解できます。白人の台詞は「標準語」で訳され、黒人のそれは「方言」で訳されています。同書がその例として挙げているマーガレット・ミッチェルの『風と共に去りぬ』の中で黒人の台詞は「ごぜえますだ」のような、どの地域のものかも分からない「方言」に訳されています。

若い頃演劇を志した友人によると、演劇の世界では「標準方言」（確かこう呼んでいたと記憶しています）なるものがあるそうです。「非東京」を表すためのもので、どの地域の方言か分からない、「〜べえ」のようなことばです。明らかに東京語とは異なるものです。前掲書では「疑似方言」と呼んでいます。本来多様である「方言」が東京ことばと対立するものとして一括りにされているのです。標準語に対する方言とは、都会に対する田舎であり、知識階級に対する非知識階級であって、言語においては、「正しい日本語」に対する「正しくない日本語」、「美しい日本語」に対する「美しくない日本語」であったのです。

一度は否定された方言ですが、日常生活では今なお地域語、すなわち方言が主流です。多くの人は方言、共通語、標準語を使いわけ、多言語社会の中で話す場所や相手に合わせた選択をし、多様な言語生活を送っています。「標準語」が規範として存在し、書きことばの形式でつかわれているのに対して、「共通語」は方言でもない、また標準語でもない、方言の干渉を受けた話しことばとして機能しているものです。

わたしが上京したのは、半世紀も前になりますが、当時のわたしと比べると、今の若者は、方言の干渉をあまり受けない「共通語」を巧みに使いこなしています。それでも故郷に戻れば、方言を話します。ことばはアイデンティティであり、集団への帰属意識を示すことができるからです。その方言が消滅すると危惧する人がいます。次はこの点について考えてみます。

「方言」は消滅するといわれますが……。

方言は消滅の危機にあると危惧する人がいますが、わたしはそう簡単にはなくならないと思います。理論的な裏付けがあるわけではなく、なんとなく直感的にそう思うのです。なぜ直感的にそう思うのか。それは、方言の中で育った――育ったというのは言語形成期を過ごしたという意味です――わたし自身がいくつになっても方言に愛着があり、方言から抜け出ようとも思いませんし、抜け出せるものではないからです。恐らく地方に住む人間にとっては自己表現にもっとも適しているのは方言ではないかと思います。

私は滋賀県は湖東にある小さな城下町彦根で生まれ、十八歳まで滋賀なまりはありますが、関西弁の中で過ごしました。滋賀は京都の陰に隠れ、存在感が薄いようですが、日本一大きい湖である琵琶湖を擁し、神戸牛や松坂牛より歴史が古いと言われる近江牛の産地です。

滋賀は隣接する京都と合わせて「京滋」と呼ばれることが多いのですが、言語はかなり異なります。特にわたしが生まれ育った彦根は井伊家の所領であったことから、武家ことばの影響を受けていますが、京都弁にはご存知のように公家ことばが残されています。

彦根の旧城下町は大きな戦禍から免れたものの、近代化、モータリゼーションの波はこの小さな田舎町にも押し寄せ、道路拡張によって、景観を一変させることになりますが、それでも敵の侵入を防ぐために造られた「ドンツキ」と呼ばれる道路の突き当りや武家屋敷、足軽屋敷などがあり、江戸時代の雰囲気を今でも味わうことができます。彦根山と呼ばれる小高い山の上に築かれた国宝彦根城は、その周囲をぐるりと囲む堀沿いの細い道に昭和十年頃桜が植樹され、春の観光スポットになっています。

お国自慢はこれぐらいにして、話を方言に戻すことにします。

わたしが上京したのは十八歳のときで、ちょうど半世紀前です。半世紀といえば決して短い時間ではないと思いますが、方言の干渉は完全には消えていません。十八歳までに受けたことばの影響はその後の五十年をしても消し去ることができない、根強いものです。方言の絶滅を危惧する声が上がっていますが、簡単には剥ぎ取れないのではないかと、個人的には思います。

東京に在住する同郷の仲間が集うとき口を衝いて出て来るのは、お国ことばではありません。かといって、東京語かといえば、完璧な東京語でもありません。お国ことばの干渉を受けた東京語です。

東京では、同郷の友人も、わたしも、東京語を使い、郷里のことばはあまり出て来ないのですが、年に数回帰省する郷里に一歩足を踏み入れると、すぐさま郷里のことばに戻ってしまいます。

寺山修司は

「ふるさとの訛りなくせし友といてモカ珈琲はかくまでにがし」

と詠んでいます。勝手な想像ですが、この友人も方言をなくしてしまったわけではないはずです。言語形成期を過ごした地域のことばは母語ですから。母語をはじめ、母校、母港、母国、母集団などの「母」は生み出すもとになるものを意味します。東京語を身につけたとしても、もととなる方言があって、その上に積み重ねられたものとしての東京語であり、母語である方言を消し去ったわけではなく、また消し去ることなどできないと思います。なぜなら、それが母語だからです。わたしたちはいくつになっても、母親のもとへ帰れば子どもに戻ります。体の中に母の血が流れ、母親の影響を消し去ることができないように、ことばもどんな言語を使おうとも、母語である方言を易々となくしてしまうことはないように思います。

但し、ここには前提があります。母語である方言を自由に使う権利が認められることです。かつて日本はアイヌ語や琉球語を否定し、その結果今では絶滅状態にあります。朝鮮半島、台湾などでは日本語の使用を強制したことによって、母語を失った人たちがいます。ある年齢層では母語を話せず、第一言語が日本語の人もいると言われます。言語は使用を禁止されることによって消滅するものであり、再生は容易なことではないということを歴史が如実に物語っています。

女ことばとは

テレビは、目が拘束されるため、観ながら他の作業をすることは難しいですが、ラジオは聴きながら、他の作業ができます。目も疲れません。

そんな利点から、その日も、わたしはラジオを聴くともなく聴いていました。

それは確かリスナーから寄せられた質問にパーソナリティの男性俳優が自分の考えを述べるという番組だったと思います。番組の中で、ある女性のリスナーから「女子力を高めるにはどうすればいいいか」という質問がありました。そのパーソナリティによると、「女子力は口の利き方にある」とのこと。「女子力」と「女らしさ」はほぼ同じ意味で使われます。女らしいことば遣いとは一体どういうものでしょうか。

「女」という性を明示するとき、一様に選択されるのは、次のようなことば――女ことば――です。

東京新聞の朝刊に「日々チョウカンヌ」というコーナーがあります。チョウカンヌは朝刊で、ユウカンヌはその妹のようです。こちらは夕刊です。新聞の四角い形をモチーフにしたマスコットキャラクターのチョウカンヌとユウカンヌが、記念日のいわれやその日に起きた過去のできごとなどを紹介するコーナーです。使われているのは女ことばです。


（2017・9・15）今日は「老人の日」。国民の祝日の「敬老の日」とは別に、二〇〇二年の老人福祉法改正で定められたの。高齢者福祉や社会のあり方を考える機会にしたいわね。

（2017・9・18）今日はカイワレ大根の日。大根の新芽ならではのすっきりした辛みと鮮やかな緑色がお料理を引き立てるわ。カロテンやビタミンC、ミネラルも豊富なの。

（2017・9・20）一九二五年の今日、早稲田、慶応、明治、法政、東京、立教の六校からなる東京六大学野球連盟が発足したの。初戦は明治対立教で、明治が7対1で勝ったそうよ。

「定めれられたの」「したいわね」「引き立てるわ」「勝ったそうよ」などは典型的な女ことばと考えられています。そして、女ことばは女性らしさを表す美しいことばとも考えられています。

この女ことばは外国語の小説を日本語に訳したものに多く見られるものです。

「ありがとう。心配りに感謝するわ」
「要するに、こういうことかしら」
「だって、彼女はあなたのためにとても大きな犠牲を払ったんですもの。どうぞ、よろしく伝えてください」（ジェフリー・アーチャー『死もまた我等なり』）

チョウカンヌにしても、小説の翻訳にしても、典型的な女ことばが使われているのは、読者に女性であることを強調するためのものです。確かに、翻訳された欧米の小説を読む際に、台詞によって性別が明らかにされている方が紛らわしくないという利点があります。

けれども、女性なら常日頃こんな女ことばを使っているはずだと考えるのは思い込みに過ぎません。女性が女ことばを使うのは、ことさら女性を強調したいときであって、男性も女性を強調したいときには女ことばを使うことがあります。オネエと呼ばれる人が「女ことば」を使うのは「女らしさ」を演出するためのものではありませんか。

男ことばとは

小説の中で男性の台詞は次のように訳されています。

「もちろんだとも」

「よし、おまえたち、そろそろ行くぞ」（前掲『死もまた我等なり』）

男ことばの典型と考えられている「だ」「ぞ」が多用されています。女ことばと同様に違和感があります。これも、男性であることをことさら強調しているのであって、男性のすべてがこのような話し方をするわけではありません。

「近頃の若い女の子はことば遣いが乱暴だ」とよくいわれますが、電車の中で、女子高生の話に聞き耳を立てると、「ぞ」や「だ」を使う高校生に出くわすこともあります。ですが、これは若い女の子に限ったことではありません。

二年ほど前のことです。

静岡県のある町で葬儀場の建設を巡って住民との間で起きたトラブルが報道されたことがあります。葬儀場の建設を主張する業者と、それに反対する住民とのことばのやりとりの中で、建設反対派のひとりの女性が業者に向かって次のように怒鳴りつけました。

「そっぽ向いてないで、こっちを向け」

抑えることができない怒りを爆発させたのでしょう。これを、「女ことば」といわれるもので表現すると次のようになるでしょうか。

「そっぽを向いていないで、こっちを向いてね」

これでは、葬儀場の建設に対する強い怒りを相手に伝えることができません。

小池百合子都知事が誕生した直後のことです。小池百合子都知事は、知事選において、石原慎太郎元知事によって決定された築地市場の豊洲移転を見直すことを公約の一つにあげていました。その築地市場の移転問題を巡って、二〇一七年五月、専門家会議のメンバーと築地市場関係者との話し合いが行われました。移転するか、築地に残るか、決着がつかず、都側の煮え切らない態度に怒りをぶつけたひとりの築地市場関係者がいました。女性です。

「地下水はきれいになったのか」

ここでも怒りは男ことばで表現されています。

その一ヶ月後、やはり築地市場関係者と専門家会議のメンバーとの話し合いの中で女性が次のように述べています（二〇一七年六月十一日TBSサンデーモーニングから）。

「民主主義じゃないじゃないか」

男ことばは男だけのものではありません。では、なぜ女性は「男ことば」を選択するのでしょうか。女ことばは女らしいことばと考えられ、「やさしさ」を象徴しています。一方、男ことばは男らしいことばで「強さ」の象徴です。男ことばを使うことによって、強者の位置に立つことができます。支配被支配の関係で見ると、歴史を通じて、支配するのは男で、支配されるのは女でした。女性が「男ことば」を使うことによって、支配者としての力を誇示することができるのです。

勝負に向かうとき、「男ことば」を使うのはわたしだけでしょうか。例えば、試験に臨むとき、「がんばるぞ」と心の中で叫ぶことはありませんか。泣きたくなるとき、自分を叱咤激励するために「泣いてる場合じゃないだろ」「しっかりしろ」と男ことばを使う女性はいませんか。

『蒼い月　死神と朝食を』（渡辺容子）で主人公の女性が男ことばを使っています。柔道二段、合気道三段、剣道、テコンドーはそれぞれ二段で、六つに割れた腹筋をもつ主人公が見合いの席で相手にそのことを話すかどうか迷い、心の中で自分に男ことばで問いかけています。

その先を、はっとして呑み込んだ。いくら丹下が逞しい女に理解を示してくれたとはいえ、知り合って間もない女が「アームレスリングの世界大会に出場し、いつか必ずチャンピオンになってみせるぜ！」と熱く抱負を語りだしたら、引かないか？　なあ、引くだろ？

田辺聖子さんの『お気に入りの孤独』「幸福のトロ味について」に、主人公の女性が心の中で自分を叱りつける台詞があります。大阪弁ですが、男ことばです。

阪急電車で梅田へ出、地下鉄で難波へ向かう。戸口のガラスに私が、どこか、しけた、浮かない感じでうつっていて、闇を背景にオカルトちっくく、みえた。私はどきりとする。
（なんやねん。これは）
と思った。
（ええかげんにせえよ）

三十は若い盛り、美しい盛りじゃないか。
仕事もおもしろいし、ムギュッと抓りたいくらい可愛い夫もいるというのに。

女性が「男ことば」を使うのは、それが強さの象徴だからです。男も女もことばを使い分けることによって、「女性」を強調したり、「男性」を強調したりします。

男ことばには、支配する側の言語という一面もあります。韓国の歴史ドラマの日本語に訳された字幕では、身分の高い女性が使用人に命令する台詞に、「お前が行くのだ」のような男ことばがつかわれています。男ことばには支配者のことばという側面もあることの一例ではないかと思います。

第Ⅲ部
高齢社会

「人生 100 年」と言われる昨今、高齢者の烙印を押される 65 歳から 100 歳になるまで 35 年あります。これは人生の 3 分 1 以上を高齢者として生きることを意味しています。政府はシルバー世代を活用して国内の労働力不足を補うため「一億総活躍社会」を目指そうとしていますが、「人生 50 年」といわれた時代に比べて、わたしたちの心臓はそんなに丈夫になったのでしょうか。胃腸の消化力や吸収力は高まったのでしょうか。活躍できない「老人」に待っているのはどんな暮らしでしょうか。「老人」として一括りにされる人たちも多様な人生を送っています。註：ここでいう「高齢社会」とは、「高齢化社会（高齢者人口が全人口の 7%以上)」「高齢社会（同 14%)」「超高齢社会（同 21%)」の総称。

第一章　老いの捉え方

「エイジレス社会」と「アンチ・エイジング」と「ポジティブ・エイジング」

先ごろ、政府は高齢者対策大綱の見直しで、年齢にかかわらず、意欲や能力に応じて社会活動に参加できるエイジレス社会を目指す方針を打ち出しました。それに伴い、社会保障を能力に応じた「応能負担」に切り替えるそうです。六十五歳以上を一律高齢者とする年齢輪切り主義からの転換ということですが、政府の意図するところは、高齢化による社会保障費の節減です。企業に定年延長を促すそうですが、見落としてはならないのは働き続けることが困難な高齢者の存在です。健康に恵まれた「強者」が脚光を浴びるとき、弱者は光の当たらない陰に追いやられ、忘れ去られていきます。

生老病死は仏教用語で、人生において逃れることができない苦と考えられています。若いときには、「老」も「病」も「死」に至るため苦しみとなるのであって、人生における最大の苦は「死」ではないかと考えていたのですが、六十歳を過ぎ、老いを感じるようになると、死に直結するものでなくとも、老いそのものが苦であることを実感します。

「老い」にはマイナスのイメージがつきまといます。気力・体力・運動能力・知能の減退、容貌の衰え、死への接近などマイナスのイメージは容易に挙げることができるのですが、プラスのイメージはなかなか出てきません。

「老い」をマイナスのものと捉え、肉体的な衰えにはスポーツジムに通いサプリメントを服用し、外見の老醜には皺取りのプチ整形をしたり、頭脳の衰えには頭の体操をしたりする。年齢に抵抗しようと考えるのがアンチ・エイジングです。アンチ・エイジングとは老化防止のことです。自然現象である老化を止めることはできませんから、進行を遅らせようという試みです。ここでは、老いは敵と目されています。

これに対して、アンチ・テーゼを唱えた雑誌があります。最近のことですが、アメリカの女性雑誌『Allure』は老化を否定的に捉えた「アンチ・エイジング」ということばを使わないと宣言しました。老化は決して否定すべき対象ではなく、若くなければ美しくないという考え方に終止符を打つという主張です。

あるテレビ番組で、街頭で道行く人にマイクを向け、「高齢者は何歳と思うか」という質問をしたところ、六十代の人は、「六十代は高齢ではない」と言います。七十代の人は、「七十代は高齢ではない」と言います。八十代の人は、「自分は高齢者とは思わない」と言います。人生百年の時代であり、八十歳も高齢には入らないと考える人も多いのではないでしょうか。

「老い」をネガティブに考えるアンチ・エイジングに対して、老いは避けられないものであり、抵抗しきれないものである、と考えることによって、老いと上手く付き合っていく方法を見つけようとするのが、ポジティブ・エイジングです。年齢や老いも与えられた人生の一部として、社会が受け入れ、若いことがなにものにも勝ると考えられてきた価値観を見直し、「老い」ということばにまとわりつくマイナスのイメージをプラスでもマイナスでもない中立のイメージに変え、どんな形の老いであれ、その人の属性の一つと認識することです。老いは結局のところ抵抗しきれるものではないのですから、無駄な抵抗はよそうという考え方です。

年齢には個人差がある

「年齢より若く見える」「とても六十代には見えない」と言われると、それがお世辞だと分かっていても悪い気はしないものです。体力測定で、年齢より若い数値が出ると、こんなことで喜ぶとは単純だと思いつつ、「まだ若いのかな」と友人に自慢したりします。映画館のチケット売り場で、年齢の証明を求められることもなく、遠慮がちではあるけれど、「シルバー

表１　平均寿命と健康寿命（歳）

	男性	女性
平均寿命	80.98	87.14
健康寿命	72.14	74.79
平均寿命と健康寿命の差	8.84	12.35

厚生労働省（2016）をもとに作成

の方は、〇〇円です」と言われると、「年齢より若く見えると自負していたのに、受付の女の子にとっては年齢相応に見えるのだろうか」と、シルバー料金は有難いと思いつつ、シルバーに見えることに複雑な気持ちになったりもします。

先ごろ、厚生労働省は健康寿命を公表しました。健康寿命とは、厚生労働省によると、ＷＨＯが提唱した新しい指標で、平均寿命から寝たきりや認知症など介護状態の期間を差し引いた期間をいいます。**表１**は、厚労省が三年ごとに行う国民生活基礎調査から算出した二〇一六年のデータです。

平均寿命と健康寿命の差が縮まることが望ましいのですが、過去二回（二〇一〇年、二〇一三年）の調査結果との比較では大きな変化はありません。

「年齢には個人差がある」とよくいわれますが、これはわたしたちが年齢を暦だけで計算しているわけではないということです。「血管年齢」「肉体年齢」「精神年齢」などのことばは、年齢を多方面から捉えようとして生まれたものです。

先ず最も一般的な年齢の数え方は「暦《れき》年齢」で、一日二十四時間、一年三百六十五日からなる暦によって一歳ずつ年齢を重ねていくものです。これを「暦年齢」と呼びます。日本では、誕生日ごとに一歳加えていく満年齢が一般的ですが、誕生した年を一歳として、以後正月がくると一歳加える数え年の習慣もまだ残っています。小学校入学、成人式、選挙権、被選挙権などの年齢は、満年齢をもとにして、定められています。

暦年齢の他に、肉体年齢（生理的年齢）及び精神年齢があります。多くの病院で検査ができる血管年齢がこの生理的年齢に入ります。暦年齢と生理的年齢は測定可能であり、比較的客観的なデータを得ることができますが、「気持ちだけは二十歳だ」の年齢は、主観による精神年齢（心理的年齢）で、客観的データに基づくものではありません。

この他、社会的な規範によって、定められる「社会的年齢」があります。「あの子はまだ二十歳前なのにずいぶん大人っぽい」は、暦年齢は二十歳前でも、社会的な規範では、すでにその年齢に達しているという評価によるものです。七十歳を過ぎても、第一線で働いている人は、社会的年齢は七十歳より若いと見なされるでしょう。

暦年齢は個人の努力ではいかんともしがたいところがあり、肉体年齢も年齢とともに肉体が衰えるのは生物の必然であることから、致し方ないところもあるでしょう。ところが、『人間年輪学入門』（宮城音弥）によると、言語能力は高齢になってもあまり衰えないそうです。言語は子どものころから高齢になるまで使い続けてきたもので、年を重ねることによって豊富な知識が蓄積され、コミュニケーション能力も身に付いてきます。聞く力もつき、提供する話題も豊富になり、相づちを打つのも上手になります。高齢になると「人名や地名を忘れる傾向が出現するけれども、言語の能力は失われない」と述べています（前掲書）。

人と話すことが認知症の予防にもなり、老人は大いに語るべきだと言った人がいます。ところが、老人には語る場所がないという現実があります。私事ですが、父が高齢になり歩行が困難になったとき、高齢者のためのデイサービスセンターに週二、三回通っていました。リタイアしたあと、自由に歩行できたときには、お寺や町内会の役員などをすることで社会性を保っていたのですが、やがて、体の自由が利かなくなると、それらのコミュニティにも参加できなくなります。最後のコミュニティになったのが、高齢者介護施設だったのです。父は家族と同居していましたが、デイサービスに行って、同年代の人たちと話ができるのを楽しみにしていました。

介護保険サービスは自己負担の増額や利用基準の厳格化など見直しが行われていますが、利用する機会が減ることは残念なことです。

高齢者が孤立感を味わうことなく、誇りをもって生き抜ける社会の創造、これが高齢社会の究極の目標ではないでしょうか。

人生の三分の一が老年期

五十歳を少し過ぎたころ。敬老の日に、ある日本在住の中国の若い御夫婦からお祝いの品をいただいたことがありました。

「えっ！　五十歳でもう敬老?」ということばがふと脳裏をかすめましたが、「何歳以上を老人と呼ぶかは、国によって異なるだろうし、確か中国の定年退職は、男性が六十歳で、女性が五十五歳（今は延びているかもしれません）。それなら五十歳は立派な老年」と思い返し、お祝いを有難くいただきました。

日本では、老人とは何歳以上を指すのでしょうか。

時代によって異なりますが、以前、江戸時代の風物を扱った本を読んでいたとき、「二十五の年増」という表現に出くわしたことがあります。時代が違えば、二十五歳も年増です。江戸時代は、人生五十年といわれていたのですから、二十五歳なら年増と呼ぶに充分な年齢ですし、四十歳はすでに初老で、孫を抱く年齢です。

老人か否かは、相対的な問題であって、絶対的な基準によって判断されるものではありません。今確実にいえることは、医学の進歩によって、年々寿命が延びていること、そして、その傾向はこれからも続いていくことです。人生百年といわれる現在、六十五歳を高齢者と考えるなら、まだ三十五年の人生が残されていることになります。

国家は事務上の処理を円滑にするためからか、暦年齢によって輪切りにして、その年齢以上の人たちを高齢者（老人）として、画一的なレッテルを貼ります。レッテルを貼られた高齢者には固定化されたイメージがあります。イメージを逸脱すると、「年寄りの冷や水」「年甲斐もない」などの批判を受けます。

異性に対する世俗的な感情もすでに枯れてしまったはずと考えられているため、恋愛感情を抱くと「おいらくの恋」「枯れ木に花」と揶揄されます。

現代の高齢者は、かつての高齢者の生き方から学ぶことはできません。なぜなら、わたしたちが今生きているのは未曽有の高齢社会及び長寿社会であって、かつて経験したことのない社会です。これだけ多くの老人を擁したことはなく、しかも、高齢化が急速に進んだことも、過去に例のないことです。長寿化においても、残りの三十五年（残りというにはあまりにも永いですが）をどう生きるかについての知識や経験が蓄積されておらず、身に余る大金を手にして使い道に困っているような、戸惑いがあります。人生を幼年、青年、壮年、熟年、老年と五段階に分けることが許されるとしたら、人生の三分の一を老年として過ごすことになり、また、人口の四分の一の人たちが老年期にあるということになります。資本主義社会はこれを見逃してはいません。産業界ではマーケットの重要なターゲットとして、食指を動かしています。かつて、老人に対して描かれた画一的なイメージが払しょくされ、人生を楽しむ華やかな老人像がこの産業界のあたりから創られるのでしょうか。

「老」という漢字

「老」は人が腰を曲げて杖をつくさまを描いた象形文字ですが、すでに述べたように日本では「老」という漢字から連想することばには、マイナスのイメージが付きまといます。ところが、本来「老」はネガティブな意味だけに使われるものではなく、「老子」といえば、世界的に有名な中国の思想家で、「王老」の「老」は高齢の王さんに対する尊称として使われます。中国では「老師」は先生、「老婆」は「老いたおばあさん」ではなく、妻のことです。日本でも人気がある「老酒（ラオチュウ）」は、何年も寝かせた古い酒を指しますが、古いほどコクがあるといわれています。

日本でも「老」はマイナスの意味だけで使われているわけではありません。「家老」といえば、江戸時代の大名の重臣で、家中の武士を統括した職です。「元老」は、年功を積んだ長老を指し、明治時代には伊藤博文や山県有朋がこの職について天皇を補佐し、重要国務に携わりました。

「老舗」の「老」は、良い意味で古いことです。「老成」「老熟」「老練」では「老」は多くの経験を積んでいるというポジティブな捉え方をしています。「老兄」は年老いた兄を指し、年長の友人に対してつかわれるときには、尊称となります。「老父母」「老親」「老母」「老父」は、

「老兄」同様、褒貶《ほうへん》に関しては中立で、単に「年老いた」という意味だけを表しています。

マイナスのイメージをもつものとしては、「老害」「老廃物」「老醜」「老残」「老朽」「老衰」などがあります。これらの語では、「老」は汚い、醜い、役に立たない、更には捨て去りたいものとして捉えられています。

「老幼」ということばがあるからか、老人を子ども扱いする人がいますが、老人と子どもでは生きて来た人生が違います。高齢者に対して、幼児に対するのと同じことば遣いをするのはいかがでしょうか。

次に「老い」をみてみましょう。「老い」がつくる慣用表現はマイナスのイメージをもつものが多くみられます。「老いさらばえる（老いさらぼう）」「老いの一徹」「老いの繰り言」などはいずれも「老い」を否定的に捉えています。プラスのイメージにも使われる「老」ですが、「老い」と訓読みするとき、一転してマイナスのイメージになります。

「高齢者」が存在するということ

経済の発展が最優先される現代社会では、生産活動に従事しない高齢者は「役に立たない」「価値がない」「お荷物」と考えられ、社会の片隅に追いやられます。

安倍総理が提唱する「一億総活躍社会」では、活躍できない人、活躍が不十分な人は想定されていません。活躍できる人、できない人、どちらも包み込める社会は実現できないのでしょうか。

確かに「老いる」ということは、歓迎すべきことではありません。それを非生産的な存在で、社会のマイナス要因とすることは簡単なことかも知れませんが、わたしたちは高度な生産力と経済力を有する成熟した社会に生きているのです。成熟した社会とは、すべての人が充実した人生を送ることができる社会ではないでしょうか。

二〇一六年神奈川県相模原市の知的障害者福祉施設で十九人の入居者が刺殺されるという痛ましい事件がありました。自らも重度障害を抱えながら障害者の自立を支える海老原宏美さんが次のように述べています。

ただの木にすぎない縄文杉を見て感動できるのは、人の心が価値を創り出しているからだ。

価値を創り出すという能力は、唯一、人間にのみ与えられている。そう考えるとき、ただそこに静かに存在するだけの人間にその尊厳を見いだすことも、人間だからこそできるはずだ。それができなくなった時、相模原であったような悲惨な事件が起こってしまうのではないだろうか。

存在するだけで社会に「価値とは何か」を問い続ける。そんな重度障害者は、存在していることだけで社会に大きく貢献しているとは言えないだろうか（『東京新聞』二〇一七年二月二十五日）。

高齢者の福祉施設でも痛ましい事件が起きています。

高齢者は「生きるとは」「老いとは」「死とは」という人間の根源的な問題を投げかけています。更に、まだ老いなど自分とは無縁だと思っている若い人たちに対して、「老いはだれにでもやってくるもの。生産活動に従事できなくなった高齢者が切り捨てられるということは、若いあなたたちにも無縁のことではなく、いずれは訪れることです」と警鐘を鳴らしているのです。それが高齢者の役割ではないでしょうか。

「老人は社会によってつくられる」

総務省の推計（二〇一七年九月）によると、国内の九十歳以上の高齢者は約二百万人、百歳以上の人は約七万人で、更に増加し続けているそうです。人生百年はあながち絵に描いた餅ではないようです。高齢者の問題は、社会的な問題であり、国や地方自治体が、そして、わたしたち一人ひとりが、覚悟をもって取り組まなければならない問題です。

「老い」は誰にでも平等にやってきますが、老いる前どんな人生を背負ってきたのかによって、老年に入ってからの経済状態はもちろんのこと、精神状態も異なります。それまでに築いてきた人間関係によっても老後の暮らし方は変わって来るでしょう。きめの細かい政策作りが必要となります。

医療制度では高齢者を「前期高齢者」と「後期高齢者」に分けています。「前期高齢者」は六十五歳から七十四歳までで、「後期高齢者」は七十五歳以上です。

道路交通法では高齢運転標識の対象は七十歳以上です。けれども、年を取っているかどうかは相対的な問題です。六十五歳以上が高齢者といわれ、年齢で切り分けられ、一つのカテゴリーに放り込まれ、制度化されてしまうと、その制度によって意識が規定されることになります。主観的には、まだ高齢者ではないと思っている人も、自覚させられてしまうのです。客観的な事実を突きつけられるわけですから。

例えば、わたしは以前ならバスや電車のシルバーシートに座るのは、気がとがめ、他に席が空いていれば、そちらに座ることにしていたのですが、六十五歳を過ぎたあたりから、優先席が空いていれば、臆せず、最初から堂々と座るようになりました。

「意識は存在によって規定される」といわれています。年齢という計量可能なものは、意識という不確かなものを規定するようです。

フランスの作家ボーヴォワールの有名なことばに「人は女に生まれるのではない。女になるのだ」がありますが、最近「老人」も社会によってつくられるのではないか、という気がしています。つまり、人は老いるから老人になるのではなく、本人が老いを意識する前に社会から老人という烙印を押されることによって、老人と化していくのではないかと思います。

行政の事務的な年齢区分だけではなく、ある日見知らぬ人から「おじいさん」「おばあさん」と呼ばれる、乗り物の中で席を譲られる、年齢を告げると「若いですね」と判で押したような世辞が返ってくる、など、日常的な出来事でも、老いを自覚するきっかけになります。老人をつくり上げるのも社会であれば、老人を非生産的な存在として排除するのも社会です。

マルコム・カウリーは『八十路から眺めれば』の中で次のように述べています。

世間の声は多くの場合、自分の内部の声よりもよほどかしましいのだ。私たちの老いのきっかけとなるのは他人のまなざしであり、そのあとで私たちはゆっくりと他人の判断に調子を合わせるのである（マルコム・カウリー『八十路から眺めれば』）。

ある知人が、後期高齢者の年齢に達したとき、「末期高齢者になった」と冗談めかして言っていました。言い得て妙だと思いませんか。

どう違う？「前期高齢者」と「准高齢者」

六十五歳以上を一律高齢者とすることは、現状にそぐわないと思っていた矢先のことです。二〇一八年一月十七日、政府は高齢者施策の指針となる大綱の見直し案をまとめました。「高齢者の体力年齢は若くなり、社会の関わりを持つ意欲も高い」と指摘しています。高齢者といってもいろいろだということに気がついたということのようです。

この一年ほど前、日本老年学会と日本老年医学会による、高齢者は七十五歳以上とし、六十五歳から七十四歳の前期高齢者を准高齢者に改め、働き手として社会に貢献できる年齢と捉え直すよう提言がありました。今回の政府の大綱の見直しは、これをもとにして、まとめられたものです。

「前期」と「准」ではどう違うのでしょうか。政府は何を意図して、「前期」を「准」に変えようとしているのでしょうか。

「前期」はある一定期間を「前期・中期・後期」あるいは「前期・後期」に分けた場合の最初の期間を指します。前期高齢者とは高齢者である期間を前期と後期に分け、その最初の期間にある人たちで、高齢者の中に包括される人たちです。前期にせよ後期にせよ、れっきとした高齢者です。大学院の前期課程・後期課程の区分も、大学院の全課程を二つに分けたもので、前期課程の学生も後期課程の学生も大学院生という点では違いはありません。

次に「准」について考えてみます。

『新漢語林（第二版）』によると、「准」は「準」の俗字とあります。「準会員」は会員に次ぐ身分であって、会員には至っていません。「準決勝」は決勝戦に出場するための試合であり、決勝戦と同等のものではありません。「準優勝」も優勝とは似て非なるもので、勝者と敗者の関係です。毎年甲子園で行われる高校野球の優勝校と準優勝校に対するマスコミなどの扱いを見ると、その違いは歴然としています。

大学の職名である「准教授」も教授に次ぐ身分であって、まだ教授の身分を得ていない人たちです。従って、「准高齢者」はまだ高齢者ではないということになります。「前期高齢者」と「准高齢者」の違いは、前者はすでに高齢者の範疇に入るのに対して、後者はまだ高齢者に属さない人たちです。この違いが今回の見直しの意図するところではないかと思います。

政府が「前期高齢者」を「准高齢者」に変えようとする背景には、労働力の確保と社会保障費の節減があります。六十五歳以上でも元気な年寄りにはもう少しがんばってもらいたいということです。「君たちはまだ高齢者ではない」と激励されているようでもありますが、政府の意図が透けて見えます。

確かに、六十五歳以上でもまだ働ける人はいます。働きたいと思っている人も少なくないでしょう。高齢者が働くためには、時差出勤制度や勤務時間の短縮など、今までの職場環境を改善する必要があります。政府が今更指摘するまでもなく、高齢者の体力は百人百様です。従って、働き方もさまざまです。企業側にもフレキシブルな雇用形態が必要となるでしょう。

社会保障については、またまた公的年金の見直しです。受給開始年齢を、七十歳を越えてからでも選択することができるようにするそうです。

年金受給年齢を個人の経済状況によって選択できる幅が広がることは悪いことではありませんし、元気であればいつまでも仕事をするチャンスがあることは心強いことですが、働けなくなったときの生活保障の充実も併せて進めてもらいたいものです。

「好々爺」と「老年的超越」

「好々爺」はおばあさんには使いません。「好々爺」の「好」は「よい」という意味で、なにをいわれても、「よしよし」と言ってニコニコしている高齢の男性をいいます。中国語に「好好先生」ということばがありますが、これは八方美人を指し、好ましい人物像ではありません。日本語の「好々爺」は、どちらかというとプラスのイメージではないでしょうか。

なぜ、「好々爺」があって「好々婆」がないのか、よくわかりませんが、あったとしても、わたしは、そんな物わかりのよい老人にはなりたくないと思っています。人生の大半を生きて来たのです。いろんなことがありました。

やりたくないこともやらなくてはならないことがあります。行きたくないところにも、行かなければならないことがあります。そんなことをさんざんやってきたのです。もういいではないか、と思っています。やりたくないことはやらない、行きたくないところには行かない、食べたくないものは、体によいと分かっていても食べない、我を押し通すのです。

「老いの繰り言」もいいではありませんか。老人は忘れっぽいのです。言ったことを覚えていないのですから、何度も同じことを繰り返すのは仕方のないことです。

「老いの一徹」、けっこうなことです。頑固はなによりです。年老いてのちも、周囲に遠慮して自分を曲げる必要はないと思っています。いまさら、そんなことでストレスを貯めるなんて、まっぴらですから。

そんなことを、八十歳になったばかりの知人に話したところ、その知人曰く、

「それは、あなたがまだ若いからよ。まだ六十代でしょ？　八十歳にもなると、角がすっかりとれて、誰ともぶつからなくなるから」

それでも、わたしは好々爺になんかなりたくないと思っていたところ、最近、「老年的超越」ということばがあることを知りました。九十歳を超えるとそれまでとは異なる「幸せ感」を抱くようになる人が少なくないことが研究で分かって来たというのです。新聞からの抜粋です。

超高齢の人は、ひとりでいてもさほど孤独を感じず、できることが減っても悔やまないようになり、周囲への感謝の気持ちが高まりやすいという。「成功」や「達成感」を重視する若いころとは異なる、穏やかな幸福感だ（『東京新聞』二〇一八年二月七日）。

だれもが「幸せ感」の境地に到達できるわけではなく、老いることを不幸ととらえて、「いつまでも自立していなければ」と思いがちな、肩ひじ張って生きている人は、「老人的超越」は得にくいそうです。

わたしは、まだまだ超越できる年齢ではないのかもしれませんが、いくつになってもそんな境地には至らず、世間に対してぶつくさ文句を言っているような気もしますし、言いつづけてやろうとも思っているのですが……。

第二章　弱者としての高齢者

「いつまで生きているんだ」

日本は少子高齢社会といわれます。

日本の人口は、五年連続で減少し、今後も減少し続け、二〇四八年には一億を切るといわれています。特に問題になるのは年少人口（十四歳以下）及び生産年齢人口（十五歳から六十四歳）の減少と高齢者人口の増加です。日本の総人口に占める高齢者の割合（高齢化率）は、内閣府平成二十九年版高齢社会白書によると、一九五〇年は五％に満たなかったのですが、一九七〇年には七％を超え、一九九四年には、一四％を超えました。現在はさらに増加し、二七・三％に達しています。

日本は高齢化が急速に進んでいるといわれます。更にあと十年足らずの二〇二五年には団塊世代（一九四七年～一九四九年生まれ。五一年まで含むこともある）のすべてが七十五歳以上となり、四人に一人が後期高齢者になる超高齢社会も目前に迫っています。

麻生太郎副首相の暴言です。おおよその主旨は次のようだったと記憶しています。

「九十歳になって老後が心配とか、わけのわかんないことを言ったひとがこのあいだテレビに出てた。『いつまで生きてるつもりだよ』と思いながら見てました」

日本の少子化、高齢化、人口減少、労働力不足など、深刻な問題であり、政府も躍起になっているのは理解できますが、こんな言い方をされたら、いつまでも生きてやる、死んでなるものか、と思いませんか。

高齢者のぼやき

拝啓　総理大臣さま

お世話になっております。

日本の高齢化は一層深刻な問題になったと伺っております。

二〇三〇年には、三人に一人が六十五歳以上の高齢者になるそうですね。確か、かつては六十歳以上を高齢者と呼んでいたように記憶しておりますが、気が付けば今は六十五歳以上が高齢者です。

「二〇二五年問題」といわれているそうですが、団塊世代が後期高齢者になる二五年以降は今までのような福祉サービスが受けられなくなるのではと心配しております。いよいよ日本はかつてない超高齢社会を迎えますが、正直申しまして、今更そういわれても困るというのが、同年代の友人たちの意見です。

長生きしてはいけないのかしら、とさえ勘ぐってしまいます。年寄りのひがみでしょうか。団塊世代は「企業戦士」「モーレツ社員」などといわれ、外国からは「エコノミックアニマル」と揶揄されながら、過酷な通勤地獄と連日の残業にも耐えた世代です。

そういえば、あのころ、確か栄養ドリンクのコマーシャルに「二十四時間戦えますか」というキャッチコピーがありました。がむしゃらに働き、今の経済の礎を築いた世代です。それなのに、「こんなはずではなかった」という思いがしております。

その一方で、日本はGDP世界第三位に成長し、生活が豊かになり、おかげさまでわたしたちは栄養が行き届いております。知らず知らずのうちに、七十代、八十代でも風邪もひかない健康な体になりました。医学も進歩しました。たいていの病気は治していただけます。敬老の日には、高齢者のために体力測定までやっていただき、否が応でも長生きしてしまいます。

高齢者の健康に気をつかっていただき、有難いと思いながらも、高齢者の医療費負担が増えたり、年金の受給額が減ったりと長生きすればするほど生き辛さが増してくるように思えてならないのはわたくしだけではありません。

今わたしたち老人はほとんどが老夫婦の二人暮らしか、一人暮らしです。寂しいこともありますが、それは耐えることができます。もっとも気にかかるのは生活費の問題です。国民年金は就職をしてから一度も欠かさず定年まで納めてまいりました。それでも、満額で六万円ほどです。年金財政が苦しいという事情もあるかと推察いたしますが、年金プアといったことばまで生まれました。更に物価の上昇ほどには年金額が増えていないどころか、むしろ減額されているのではないでしょうか。物価の上昇にスライドして年金額も増えるとばかり思っておりましたので、愕然といたしました。これでは娯楽に使う余裕などなく、好きなカラオケも我慢しているような有様です。子どもたちに頼ることもできません。子どもたちも、孫の塾代などで苦労しているようですから。

わたしたち自身は贅沢を慎み、次世代を担う子供たちには高度な教育を受けさせてきました。親ばかと思われるかも知れませんが、子供たちは教育水準が高く、質の良い労働力を提供できるように育てたつもりです。

その子供たちも、よく働きます。未だに過労死がなくなりません。

今日本は右肩上がりの経済成長が停頓したあと、長期に亘って続いた不況からようやく抜け出したのでしょうか。現在は、いざなぎ景気を抜いて、戦後二番目の景気拡大期間が続いているというお話もありますが、私たち年金生活者にはそんな実感はなく、先行きの見通しがたたないため、心配ばかりしております。

アメリカから武器を購入するために、防衛費を増やさなくてはならないそうですね。わたくしなどは、日本は独立国ですから、それほどまでにアメリカに遠慮をなさることはないのに思いますが、ご苦労なさっていることは承知しております。

あまり愚痴をこぼしてばかりもいられませんが、最近の新聞報道によりますと、新たに増税の道を模索されているとのこと。先ごろ出された税制大綱の年収が八百五十万以上の会社員に対する増税案は、対象者が少なく、あまり効果がないと悪評。診療報酬の見直しは医師会に気を使っておられるのではないかと、もっぱらのうわさです。森林環境税などという、耳慣れない税金もあまりよろしくないと取りざたされています。

ところで、小耳に挟んだのですが、医療費の自己負担率を上げるおつもりとか。現在は、六十九歳までが現役世帯と同じ三割負担、七十歳から七十四歳までが二割負担、七十五歳からは一割負担ですが、これを七十五歳になっても二割負担を維持するよう財務省は財務相の諮問機関である財政制度等審議会に提案されたそうですね。更に人口減少のペースに応じて患者の負担を自動的に調整する制度の導入も提案されたとか。

もうすぐ団塊世代が後期高齢者になり、高齢者は増えるのに保険制度を支える現役世帯は減少するという、頭の痛い問題があることは承知しておりますし、理解できないわけではありませんが、医療費の膨張が過剰受診にあるというのは解せないと思っております。体調が悪いから受診するのであって、過剰受診であるなら、それは病院サイドの問題ではないでしょうか。患者に求めるのは酷というものです。

マスコミの報道にも耳を貸さず、国民の批判にもめげず、増税や医療費の自己負担率、年金の受給年齢の引き上げなどによって解決しようとなさっていますが、国民の不安を煽っては、逆効果ではないでしょうか。安心して子どもを産み育てる社会でなければ少子化に歯止めはかかりません。その結果労働力不足は解消されず、「男女共同参画社会」「一億総活躍社会」などの掛け声は聴こえてくるものの、女性が働くには育児施設が整わず、高齢者の再雇用の道もまだ拓けておりません。政府が笛を吹いても、舞台が整わなければ国民は踊ることができないのではないでしょうか。労働力の減少が経済の衰退を招くのは必然のことです。こんなことは釈迦に説法で、ご存じのはずですね。

非正規雇用、格差社会、ワーキングプア、子どもの貧困など、わたしたち老人が遮二無二働いて得たものは、こんな社会だったのかと、残念でなりません。

長々と愚痴をこぼしてしまいました。申し訳ございません。

益々のご活躍をお祈りいたします。

匆匆

高齢者貧困リスク

「老後破産」も「下流老人」も概念はほとんど同じです。老人の経済問題です。そして、いずれも個人の問題ではなく、社会によって引き起こされた社会問題です。その一方で、有料老人ホームやケアつきマンションなど高額な施設を買う裕福な老人もいます。格差社会と呼ばれるようになって久しいですが、高齢者にも格差が拡大しています。「下流老人」とは貧困状態にある老人のことです。豊かな日本にも貧困があるとは驚きですが、近年「子どもの貧困」も指摘されているのですから、「下流老人」が生まれるのも不思議ではないのでしょう。

高齢者はそれ自体弱者ですが、「下流老人」は、その上に貧困が加わり、二重の差別を受けている人たちです。厚労省の被保護者調査（二〇一七年・平成二十九年）によると、生活保護を受けている世帯のうち六十五歳以上の高齢者世帯が占める割合は五割を超え、更に増加の傾向にあり、高齢者の貧困は拡大し続けています。

特に女性は貧困リスクが高いと言われています。

働く女性が増えましたが、その働き方を見ると、非正規雇用が多く、二〇〇〇年代には女性の非正規雇用率は正規雇用率を上回り、五割を超えています。非正規雇用という就労形態は、退職したあとの年金受給額に大きく影響します。高齢者になったときの貧困リスク（高齢者貧困リスク）は正規雇用者より非正規雇用者の方が高く、男女を比べてみると、男性よりも、非正規雇用率が高い女性の方が高くなるのは必然のことです。

夫がサラリーマンの女性は、遺族年金を受給することができますが、見落とされているのが、未婚、離婚、死別によって夫がいない中高年の低年金による貧困です。いわゆる「年金プア」です。

一方で、男性が稼ぎ主となる「男性稼ぎ主モデル」は企業の雇用形態に埋め込まれ、すでに固定化されています。男性の働き方の固定化は、女性の働き方をも固定化することになりました。夫が病気で働けなくなったり、死別あるいは離婚によって、女性が家計を支えなければならなくなっても、働き方は相変わらず非正規雇用のままです。正規雇用になる道は閉ざされ、苦しい生活を送るケースが多いと言われています。

現在四十〜五十代の女性は、親と同居しながら非正規で働く人や、「家事手伝い」で無収入の人が多く、将来年金受給年齢になっても、年金額が少なく、不安を抱えています。

短時間労働者以外の労働者（一般労働者）の月額賃金は、男女差が縮まり、二〇一七年で過去最小となりましたが、それでも女性は男性の七割程度です。この賃金格差は年金受給額の差に直接跳ね返ってきます。

女性が高齢者になったとき、貧困は男性より深刻な問題となるといわれる由縁です。

独居老人と孤独死

一人暮らしは増加の一途にあり、二〇四〇年には一人暮らしの全世帯に占める割合が三九・三％に上昇すると予測されています（国立社会保障・人口問題研究所、二〇一八年）。二〇一五年の三四・五％から四・八ポイント上昇することになります。六十五歳以上の一人暮らしは、四人に一人の二二・九％になる見通しです。

一人暮らしの高齢者を「独居老人」と呼びますが、「独居老人」に至る過程はさまざまです。生涯独身だった人もいれば、配偶者に先立たれた人もいます。子どもが都会に移住してしまったため、配偶者と死別したあと一人暮らしをしている人もいます。好んで一人暮らしをしている人もいるでしょう。

独居老人といえば「孤独死」を連想する人が多いかもしれませんが、その人が生前孤独であったかどうかは、亡くなった本人が評価するものであって、他人が自身の価値基準を当てはめ、とやかくいうことではありません。傍目には、ひとりで死んでいくのですから、寂しい最期となるのでしょうが、生前地域社会と密な関係にあり、友人とのネットワークもある人が、息を引き取る瞬間一人だったとしても、「孤独死」と呼べるかどうか、疑問です。

上野千鶴子氏は『おひとりさまの老後』の中で、「孤独死で何が悪い」「ひとりで生きてきたのだから、ひとりで死んでいくのが基本だろう」と述べています。

孤独とは、一人暮らしをいうのではありません。大家族の中にあっても孤独を感じる人はいるでしょう。家族と不和であるならば、孤独感をもつこともあるでしょう。「というのは、老人の主観的な孤独感と子どもやその家族から離れていることとの間には必ずしも相関関係がなく、逆に家族の一員であったとしても孤独感を味わう可能性があることが、すでに多くの研究により立証されてきているから（『老いの発見1　老いの人類史』「日本社会と老い」ゼップ・リンハルト）です。

家にも学校にも居場所が見つからない子どもたちもいます。人間であれば、孤独を味わうことのない人はいないような気もします。大切なことは、社会と断絶し、「孤立」していることではないでしょうか。一人暮らしをしていても、自分を必要とする仲間がいれば、孤独感も薄らぐといわれています。孤独を感じるのは、人間が社会的動物であることの証しであり、社会との関わりの中で孤独を感じるのならば、その関わりの中に解決策があるはずです。

「家族と住む煩わしさより、一人で暮らす寂しさを選ぶ」といった人がいます。それも一つの選択ではないかと思います。独居老人には孤独である、寂しい、孤独死などマイナスのイメージが付きまといますが、そのイメージは当人の思いを汲んだものなのか疑問が残ります。

どう違う？「買い物難民」と「買い物弱者」

わたしが育った町は、当時人口五万人ほどの地方都市で、家のそばには商店街があり、軒を連ねていたのはいずれも個人経営の規模の小さい店ですが、肉屋・魚屋・八百屋など日々の食生活に必要なものはすべてそろっていました。まだスーパーマーケットがなかった時代です。

その後、スーパーマーケットができると、日本の他の町の商店街と同様、小売店のほとんどが閉鎖を余儀なくされ、今ではシャッター通りと化しています。

スーパーマーケットはかつての商店街から、徒歩で十五分ほど行ったところにありますが、高齢者にとっては、楽に行ける距離ではありません。まして、荷物を持って歩くのは大変です。

今わたしが住んでいる町には、電化製品の大型量販店が二店舗あります。ですが、小さな電気屋さんがなく、電球の交換やちょっとした簡単な修理は、大型量販店には頼み辛く、頼んでみてもやってくれないのではないかと思います。高齢者にとって、大型店が必ずしも買い物がしやすい環境とはなっていません。

小規模の小売店が街から消えたのは、大型小売店の出店に対する規制を緩めた「大店法」が施行されたからだといわれています。零細小売店の消滅は、高度に経済が発展した日本に「買い物難民」を生みました。

「買い物難民」は政治が招いたものです。「買い物難民」を生み出した要因として、大都市への人口の流入もあります。特に東京への一極集中です。このため、子どもたちは、地方では就職先がなく、職を求めて都会に移動し、老親だけが郷里に残るという状況を生みました。「買い物難民」が生まれた背景には、若い世代が地方から都市へ流出し、農山漁村が過疎化したことがあります。新幹線の敷設は若年層の都市への移動を加速させることになり、その陰でローカル線が廃止され、農山漁村に取り残された高齢者は、移動の術《すべ》を奪われました。政治によってつくり出されたものです。

官公庁では買い物難民を買い物弱者と呼んでいます。次に「難民」と「弱者」の違いについて考えてみます。

「難民」と「弱者」は次のように定義されています。

『明鏡国語辞典』

【難民】戦禍や天災、政治的・宗教的迫害を受けて生活の困窮に陥った人々。特に、それらを避けて国外に逃れた人々。

【弱者】力のよわい人。また、社会的によわい立場にある人。⇕強者

『広辞苑』

【難民】戦争・天災などのため困難に陥った人民。特に、戦禍、政治的混乱や迫害を避け

て故国や居住地外に出た人。亡命者と同義にも用いるが、比較的まとまった集団をいうことが多い。

【弱者】弱い者。社会的に弱い立場にある者。⇕強者

『大辞泉』

【難民】天災・戦禍などによって生活が困難な状態にある人民。人種・宗教・政治的意見の相違などによる迫害を避け、外国に逃れた人。ある程度まとまった集団についていう。

【弱者】力の劣るもの。弱いもの。⇕強者

『明鏡国語辞典』『広辞苑』『大辞泉』いずれも、弱者の反対語を「強者」としています。わたしは次の理由から、「買い物弱者」ではなく、「買い物難民」が適当ではないかと思います。

第一の理由は「買い物難民」は弱者対強者という対立で捉えられるものではない、という点です。買い物難民/買い物弱者は、集団性があること、買い物に行けないという苦しい状況があること、そしてそれが政治によって引き起こされた状況であることという三つの条件を満たす人々のことで、弱者対強者という二項対立で捉えてしまうと、失政によって引き起こされた社会現象であるという、責任の所在がぼやけてしまいます。

第二の理由は、「買い物難民」は政府が過疎化を放置したことにより地域全体が被った困難

である、ということです。「買い物弱者」では、その集団性が明確ではありません。

第三の理由は、難民といえば、故郷を追われた人々という印象がありますが、『明鏡国語辞典』『広辞苑』『大辞泉』の第一義は、困窮あるいは困難に陥った人々であって、地域の移動に限定されるものではなく、定住している人々を「難民」と呼ぶことに何ら不都合はない、ということです。

「帰宅難民」は災害などで、帰宅が困難な人々を指しますが、これも強者対弱者の問題ではなく、集団であり、失政によって引き起こされた問題である、という点から、「帰宅弱者」ではなく、「帰宅難民」が適当ではないかと思います。「帰宅困難者」ともいいますが、これも勝手に困難に遭遇しているようで、政治の責任がぼやけてしまいそうです。

「買い物難民」は東京近郊や、都心でも起きています。バブル期東京近郊に建てられた団地は第二世代が成長し団地を離れて行ったあと、高齢者だけが残り、あたかも地方の過疎地のように買い物難民が生まれています。入居当初開店したスーパーマーケットの中には、人口が減り採算が合わなくなり、撤退してしまったところもあるそうです。

近年、都心のマンションに人気が集まっていますが、高齢者になったとき、三世帯で暮らすには向いていませんし、地域の共同体も形成しにくく、都心においても高齢者が取り残されるという過疎地同様の状況が生まれて来ると予測する人がいます。政府は三世帯同居の家族像を理想として掲げていますが、そのためには生活の基盤を整えることが優先されます。こちらをなんとかしていただきたいものです。

第Ⅳ部
男性支配社会

「男女共同参画社会」の掛け声よろしく、女性の「社会進出」が進み、男性の「家庭進出」の兆しも感じられます。が、果たして実態はどうでしょうか。

ある女性の政治記者が取材をしていた官僚からセクハラを受け、連日マスコミや国会で取り上げられた時、麻生財務大臣が「(女性記者を) 男性記者に替えたら」と発言しました。「男女共同参画社会」は掛け声だけでしょうか?

「男はソト、女はウチ」という性別役割分業は女性の「社会進出」によって解消されたのでしょうか。「女性が輝く社会」、「女性が活躍できる社会」、これらの女性を激励することばも男性支配社会では、なぜか空虚に感じます。

第一章　女性は例外

女と男の不均衡

戦後、女性も参政権を得て、男女平等が実現されたかに見えますが、政治の世界における代議士数の男女比は九対一ほどです。大手の民間企業では、女性が代表取締役に就任すると話題になり、注目を浴びます。町内会の会長でさえもほとんどが男性です。老人会の会長もそうではないでしょうか。文化も男性がつくり、継承されてきました。それは「女人禁制」として現在も残されています。相撲界がそうです。今も行われている祭りの中には女性が参加できないものがあります。最近では、女性は正会員になれないというゴルフクラブが東京オリンピックの競技場の候補になり、問題になっていました。

男性は、政治、宗教、文化、教育、あらゆる分野の中心に位置し、社会活動の担い手となり、それを継承してきました。そして、中心から疎外され、周縁にあり続けたのが女性です。歴史の表舞台に立つのも男性でした。織田信長も豊臣秀吉もナポレオンもリンカーンもすべて男性です。もちろん、中国の西太后のように、歴史を動かした女性もいないわけではありません。北条政子や日野富子は、日本の歴史に名を残しました。他にも、歴史に少なからず影響を与えた女性はいます。けれども、これらの女性で通史を書くことはできません。歴史を推し進める主体となったのは男性だったのです（水田珠枝『女性解放思想の歩み』）。この男女の不均衡な関係はことばにも不均衡として現れています。

着慣れた服や穿き慣れた靴が、からだに馴染み、からだとの間に違和感がないように、長い歴史を経て継承されてきたことばは、そのことばを使う人々や社会に融合し、社会性が見えにくくなっていますが、一つひとつの表現を丹念に見ていくことで、男女の社会的な不均衡を明らかにすることができます。

以下しばらくは、女と男にまつわる語や表現を通して、日本語における女と男はどんな関係を結んで来たのか、今どんな関係を結んでいるのかを、考えていきます。

「男子大生」はなぜいわない

「ぼくら」は通常男子が使いますが、女性を含む場合があります。

フジテレビで毎週日曜日（七時〜七時半）に放映されている『ボクらの時代』は各界で活躍する三人が集い、さまざまな話題を取り上げ語り合うトーク番組です。出演者は男性に限らず、女性もいますが、番組名は「ボクら」になっています。この「ボクら」は女性を含んだ総称としても使われていることが分かります。女性を含むにもかかわらず、「ぼく」を使うことに対する言い訳でしょうか。「ぼく」がカタカナで表記されています。

「女子大生」は日常的によく使われ、特に違和感はありませんが、「男子大生」はあまり使いません。使わないということは、使う必要がないということですが、なぜでしょう。同じことが「女医」と「男医」にも言えます。「女帝」と「男帝」、「女神」と「男神」、「女子アナ」と「男子アナ」、「女流作家」と「男流作家」……いくらでもありそうです。

「女性蔑視」ということばはありますが、「男性蔑視」ということばはありません。ことばがないということは、ことばに対応する概念がないということで、実体がないということです。逆に、ことばがあるということは、概念があるということで、女性蔑視という実体があるということになります。「男性蔑視」ということばがないのは、「男性だからということだけで蔑まれる」ことがないということです。

では、「女医」はあるのに、「男医」がないのはなぜでしょうか。風呂では「男風呂」と「女風呂」のように対称的に使われる「男」と「女」ですが、「女医」は男性を表す対語をもっていません。男性の医師がいないのでしょうか。いいえ、男性の医師は大勢います。

近年女性の医師は年々増えていますが、医師全体に占める男女比は、女性のほうが圧倒的に少なく、厚労省の調査によると、わずか二一・一％（二〇一八年）です。医師の世界は典型的に男性が中心で、医師といえば、真っ先に男性が頭に浮かんできます。男性の職場という認識が定着しているのでしょう。「医師」という職名は男女の総称にもなりますが、男性だけを意味することばとしても使うことができるのは、このためです。

「皇帝」の例のほうが分かりやすいかもしれません。

中国で、秦の始皇帝から二千年の長きに亘って行われてきた皇帝政治の中で女帝は則天武后だけです。余談になりますが、朝廷政治を牛耳った女性としては、ＮＨＫのドラマ『蒼穹の昴』で田中裕子が演じた西太后の方が有名かも知れません。則天武后は、皇帝の地位まで上り詰めましたが、西太后は、当時清朝の政治を牛耳っていたものの、皇帝ではなかったのです。皇帝を裏で操る、いわゆる「垂簾《すいれん》政治」を行っていました。則天武后は唐の高宗の皇后から、新王朝周を建国し、皇帝になった人です。

中国の「皇帝」の中で「女帝」は例外的な存在です。「女帝」があるのに「男帝」がないのは、「皇帝」が男性の意味を兼ねているからです。「女神」があって、「男神」がないのも同様です。

「女子大生」と「男子大生」についても同様の説明が可能です。「女子大生」はよく見聞きしますが、「男子大生」にはなんとなく違和感があります。

大学は男子が行くところであって、歴史的に見れば、大学生といえば、ほとんどが男子です。長い間、女性には教育は不要といわれてきました。従ってわざわざ男子とつけなくても、大学生といえば男子だったのです。

今でも戦前の古い校舎を使っている国立大学の中には、女子トイレが男子トイレに比べて極端に少ないところがあります。女子の入学は念頭になかったのでしょう。

現在「大学生」といえば、男女双方を思い浮かべる人が多いと思いますが、四年制の大学に入る女性が増加したのはそう古いことではありません。「女に高等教育は必要ない」といわれた時代が長く続き、「女子大生」は希少な存在でした。

大学の進学率の推移をみると、二〇一三年（平成二十五年）では男子が五四・〇％、女子が四五・六％で、八・四ポイントの差ですが、一九五四年（昭和二十九年）では男子の一三・三％に対して女子はわずか二・四％です。

「大学生」が男子を指すことができるのは、女子が教育を受けることに消極的、あるいは否定的だった社会がもたらしたもので、男女の社会的身分の不均衡がことばに映し出されています。多数である男性が中心、標準、基準になるのに対して、少数でしかない女性は、男性の周縁に置かれ、例外とみなされます。少数あるいは例外的存在である女子の大学生を表すには、その性別を示すマーク「女子」が必要となりますが（有標）、多数派である男子は男子というマークをつけなくても、「大学生」というだけで男性を含意することができる（無標）ということです。

ことばにある「男は中心、女は例外」という関係は、社会から切り離されて生まれたものではありません。

「老人」も女性は例外

英語のmanが人間と男を表すことは、すでに指摘されていることですが、もう一度確認します。

『ジーニアス英和辞典』をみると、原義からどのような過程を経て、男を表すようになったかが説明されています。

原義：考えるもの、呼吸するもの→人間→男

「考え、呼吸するもの」の意味が広がり、人間を表すようになり、人間から女ではなく、男へ意味が拡張されています。同様のことが日本語の「人」にもみられます。「人」もmanのように男を指すことがあります。

年をとった女性に対しては「老女」という呼称があって、年をとった男性には「老男」とい

う呼称があります。けれども、「老男」と「老女」を比べてみると、使用頻度は老女の方がはるかに高く、老男はほとんど目にすることも、耳にすることもありません。『広辞苑』にも収録されていません。あまり使わない語彙とは、使うことを必要とされない語彙といえます。では、なぜ老女には使う機会があって、老男にはないのでしょうか。

一人の老人がおぼつかない足取りで横断歩道を渡っている。

この文の中の「老人」は男女どちらを指しているでしょうか。多くは男性ではないでしょうか。横断歩道を渡っているのが女性の高齢者の場合は、

一人の老女がおぼつかない足取りで横断歩道を渡っている。

と、「老女」を使います。

「老人」は男女共に使えますが、男性のみを指す場合もあります。「老男」というべきところを、「老人」に置き換えても男を表すことができるなら、あえて「老男」を使う必要はないことになります。言語は、人間がなるべく労力を使わなくとも効率よく意思の伝達ができるように組み立てられています。ことばは、コミュニケーションに支障がない場合——ということは

聞き手（あるいは読み手）が誤解しない限りにおいては――無駄を省く性質があります。「老人」が男性を指すことができるのですから、それで間に合わせてしまおう、わざわざ「老人」と「老男」を備えておく必要はないだろう、というわけです。使われなくなったことばは、気が付けば死語になっていることはよくあることです。

「少年」「青年」でも同様の不均衡な男女の関係が見られます。「少年」は、「少年法」では男女双方が対象になりますが、「少年少女」では男だけを意味しています。「青年」も男女を含意しますが、「好青年」は多くの場合男性をいうのではないでしょうか。男性支配社会をこれらのことばの中に見ることができます。

第二章　女は容姿・男は内面

三匹のおっさん

かなり古い話になりますが、昭和三十八年（一九六三年）から四十四年（一九六九年）にかけてフジテレビに「三匹の侍」という連続ドラマがありました。テレビがようやく全家庭に普及したころです。東京オリンピックは、昭和三十九年（一九六四年）に開催され、東海道新幹線が開業したのもこの年です。日本はこれ以降も右肩上がりの高度経済成長を謳歌してゆきます。

「三匹の侍」はそんな時代に放映されたもので、当時は人気番組でした。

あらすじは、三人の浪人が流浪の旅を続けながら、庶民を苦しめる役人や悪人を懲らしめるというもので、勧善懲悪の時代劇です。刀で人を切るときの効果音を初めてテレビに取り入れたことで話題になりました。

「三匹の侍」の筋立てに似たのが「三匹のおっさん」です。こちらは、二〇一四年に有川浩の小説をテレビドラマ化したもので、北大路欣也、泉谷しげる、志賀廣太郎が演じる三人のおっさんが近所で発生するさまざまなトラブルを次々に解決してゆきます。これも悪に立ち向かう「三匹」を描いています。こちらはテレビ東京系列の現代劇です。

この二つのドラマの三人はいずれも助数詞に「人」ではなく、「匹」が使われています。日本語では、どの名詞にどの助数詞を使うかは、自由に選択できるわけではなく、おおむね決められた約束事があります。例えば、鉛筆、枝、たばこのように細長いものには「ホン」、ハンカチ、ポスター、皿のように薄くて平たいものには「マイ」、ノート、本のように綴じられたものには「サツ」、魚には「ヒキ」「ビ」といった具合です。同じ助数詞を使うものには共通の属性がありますが、この約束事には理由が分からないものもあります。映画に「ホン」を使うのはなぜでしょう。柔道などで「一本とられた」のように、技の数を数えるのはなぜでしょう。いくつかの説がありますが、決定的なものではありません。また、「夫とは一個違い」のように、本来年齢には使わない「コ」が使われ、「コ」の使用が拡大しているともいわれます。ですが、「ハンカチ一本」「ポスター一匹」はやはり不自然です。

助数詞は誤用も少なくないといわれますが、誤用ではなく、約束事に違反した使い方をあえて選択する場合があります。

「匹」は「三匹の犬」のように動物を数えるもので、通常人間を数えるときには使いません。「あそこに人が三匹いる」はルール違反です。ところが、話し手が一般的に使われているものとは異なる助数詞を選択し、その助数詞に特別のメッセージを託すことがあります。

女優の草笛光子さんがテレビ朝日系のトーク番組「徹子の部屋」で、「子どものころ飾っていた雛人形が、当初は三人官女や五人囃子も揃っていたのに、今は男雛と女雛の二人になっちゃった」と述べています。ここでは、人形に「人」を使っています。人形の助数詞は「体」、あるいは「つ」ですが、雛人形を人間と見ているのです。少し古い例になりますが、馬に助数詞の「人」が使われています。

（競馬の騎手）これから二人で王道を歩いていく（『東京新聞』一九九五年十二月二十五日）。

競馬の騎手が優勝したときのコメントで、通常なら馬には「人」を使いませんが、ここでは騎手の馬に対する思いを「人」で数えることによって表しています。

次も少し古い演歌ですが、ここでは古城を「人」で数えています。

古城

松風騒ぐ　丘の上　古城よ一人　何偲ぶ
（歌：三橋美智也、作詞：高橋掬太郎、作曲：細川潤一）

これは、古城を人間に見立てた比喩表現です。

「三匹の侍」「三匹のおっさん」は本来なら「人」であるべきところに「匹」が使われているのは、何か特別のメッセージが託されていると考えることができます。「匹」でなければ表現できないメッセージとは何でしょう。どんな効果をねらっているのでしょうか。悪を懲らしめるのは理性によるものではなく、むしろ本能的なもので、動物が本能で行動するように、正義感という人間の本性にかられた行為であることを強める効果があるように思います。ここにおける「匹」は悪い意味でつかわれているわけではありません。男性が野性味をもつことは、褒め言葉です。「野性味溢れる男」といわれて気を悪くする男性は少ないのではないでしょうか。

「男一匹」もそうです。これは一人前の男のことで、やはり、あまり悪い意味では使いません。一方、「女一匹」とはいいません。女は一人前として扱われていないのでしょうか。「女子ども」と呼ぶのは、女性を半人前とみなしているからです。そういえば、「一人前の男になった」という言い方をしますが、「一人前の女になった」とはいいませんね。女性はやはり半人前ということです。

「女道楽」「女遊び」「女癖」

「道楽」は夢中になることです。釣り道楽、着道楽、食道楽などいずれも一つのことに熱中することで、熱中する人を指すこともできます。

「女道楽」はありますが、「男道楽」ということばはないようです。「ない」というのは正確ではないかもしれません。「女道楽」があるのだから、ことばとしては「男道楽」があってもいいじゃないかと思いますが、そういう女性はいないということでしょう。「男道楽」は文法的に間違っているわけではありません。男性支配社会において女性は男女の性に対しても受動的であり、男性の道楽の道具として扱われてきました。女性は能動的に男性に関わることはなく、道楽にする経済的な力もなかったのです。従って、「女遊び」はしますが、「男遊び」はしません。

「女癖が悪い」は時折耳にしますが、「男癖が悪い」は、聞いたことがありますか。わたしは寡聞にして知りません。これも文法上では何の問題もありません。「女たらし」があるのに「男たらし」がないのも、女が男を騙して、もてあそぶことなどできる社会ではなかったからです。もてあそぶのは男であり、もてあそばれるのは女だったのです。

けれども、男は女をもてあそんでいると思っていても、女にもてあそばれていることもあるかも知れません。女性の色香に迷うことを「女色に迷う」といいます。主語は男です。「女色」とは女の色香で、「女色にふける」は、男が女に夢中になることですが、逆に女が男に夢中になっても、男の色香を「男色」とは呼びません。つまり、「女色」の対語は「男色」ではありません。「男色」とは男性の同性愛のことです。「男色」は古今東西珍しいことではありません。

日本にも昔から男性の同性愛者はいました。ある自民党議員の発言を思い出します。自民党の竹下亘議員は二〇一七年十一月二十三日、国賓を迎えて開催される宮中晩さん会に関して、「もし国賓のパートナーが同性の場合はどう対応するのか。私は反対だ。日本国の伝統には合わないと思う」

と述べていますが、日本ではかつて同性愛は当たり前のことと捉えられてきました。江戸時代には井原西鶴が、男性間の同性愛を描いた全八巻の「男色大鑑」を出版しています。「女人禁制」の寺では稚児が僧侶の欲望の対象になるという悲劇もありました。織田信長と森蘭丸の関係が事実かどうかは分かりませんが、戦国時代にも同性愛はありました。これらは身分制度の中で行われてきたものであり、互いの自由意志で生まれたものではなく、批判的に見なければならないという問題はありますが、竹下亘議員の日本の伝統に合わないという主張は事実誤認です。

「女盛り」「男盛り」「女振り」「男振り」

人生のもっとも充実しているころを「女盛り」「男盛り」ということがあります。この二つは対をなしているように見えますが、詳しくみると、意味に違いがあることが分かります。『広辞苑』に次のような語義解釈がみられます。

男盛り：男の最も血気盛んな年ごろ。壮年。
女盛り：女の容貌の最も美しい年ごろ。また、女が肉体的・精神的に最も充実している年ごろ。おなござかり。

「男盛り」の語釈にある「壮年」とは、血気盛んで働き盛りの年ごろ、またはその年ごろの人を意味します。「壮」のつくりにある「士」は「おとこ」の意。古代中国では、「女」と対をなす語としては、「男」よりも「士」が一般的だったそうです（阿辻哲次『漢字の字源』）。「壮年」とは主に男性をいいます。

話を「男盛り」と「女盛り」に戻します。「盛り」は勢いがある時期のことで、「日盛り」といえば、一日のうちの太陽がもっとも勢いよく照るときを指します。「食べ盛り」は一生のうちでもっとも食欲のある時期で、「伸び盛り」は、「伸び盛りのＡＩ業界」「伸び盛りの若い子」のように成長がもっとも盛んな時期をいいます。

「盛り」の「盛」は容器にものを満たすことで、人に対して使われるとき、もっとも勢いのある、元気な年齢や状態を指します。従って、「若い盛り」とはいいますが、たとえ充実した老年を過ごしていたとしても、「老い盛り」などとはいえないわけです。

「働き盛り」ということばがありますが、第一線で活躍していたとしても、女性であれば、「彼女は働き盛りだ」とはいわないように思います。仕事をする上で最も能力が発揮できる年ごろの女性を表すことばはあるでしょうか。

「男盛り」と「女盛り」はいずれも人生を通じて、最も充実した一時期を指すことばで、対語となっていますが、求められるものが両者では異なっていることに気づきます。男が人間性や仕事であるのに対して、女に求められるのは容貌です。

「男振り」「女振り」にも同様に男と女の不均衡な関係が見えます。

「女振りがいい」といえば、女性の容貌が良いことで、「男振りがいい」も男性の容貌が良いことを意味します。容貌に対する評価という点では両者ともに同等です。

ところが「男振り」「女振り」を『広辞苑』で見ると、

女振り：女としての風采、女の容貌。きりょう。

男振り：男子としての風采・容姿、また面目。おとこまえ。

と違いが認められます。

両者の違いは、男振りには外見以外に「面目」があることです。「面目を失う」「面目をつぶす」「面目に拘る」「面目丸つぶれ」の「面目」はいずれも名誉、世間の評価、世間に合わせる顔といった意味で、名誉や世間の評価は容姿によって保つものではなく、生活態度、学業、仕事などで努力によって獲得することができるものです。

一方、女性はここでも評価は容姿だけが対象となっています。

「いい男」と「いい女」

「いい女」「女になる」はいずれも、女性を性的な側面から捉え表現したものです。「いい女」は多くは男性が女性を形容するときに使いますが、女性が女性について述べる場合も使うことができます。たとえば、

「彼女はなかなかいい女」

は女性が女性を評する場合にも使いますが、男の視線で見た「いい女」です。

「いい男」は、男性が同性を評していう場合と、女性が男性についていう場合があります。

男性が男性を評する場合には、たとえば「あいつはなかなかいい男だ」は、性的側面だけではなく、性格など内面的なものに対する評価についても使います。女性が男性を評して「いい男」というときには、「苦み走ったいい男だね」のように多くは性的側面からの評価です。

つまり、女性を形容するときに使われる「いい女」はその評価する主体が男であろうと女であろうと、評価される対象としてあるのは性的側面から捉えた女性ということになります。一方、男性を形容する「いい男」は男性がいうときと女性がいうときでは異なります。男性がいうときには、性的評価だけに限るものではなく、人間的な評価も含意しますが、女性がいうときには、男女関係の中だけで捉えた男性に対する評価となります。「いい男」と「いい女」ということばにおいても男女間のいびつな関係が投影されていることが分かります。

「男になる」と「女になる」

このことばにある男女は、やはり「いい男」と「いい女」の男女関係と同様、女性は性的な側面からのみ見ています。『広辞苑』によると、「男になる」には次の三つの語義があります。

①元服して一人前の男になる。

②僧が俗人にもどる。還俗（げんぞく）する。

③女が老いて月経がなくなる。

一方、「女になる」は次の三つの語義が挙げられています。

①成長して年ごろの女になる。
②月経が始まり成熟した女になる。
③処女でなくなる。

ここでも性的対象としての女性しか存在しません。

少し余談になりますが、「処女」の「処」は「ところ」という名詞としての使い方と「居る」という動詞としての使い方があり、「処女」は本来「居る女」という意味です。どこに「居る」かといえば、家です。家にいるとは、つまりまだ結婚していない未婚の女性を意味し、性体験とは無関係なことばだったそうです（阿辻哲次『漢字の字源』）。

なお、「男になる」の③は言わずもがな、極端な性差別です。

「セクハラ罪という罪はない」

以上いくつかのことばを通して、女性が性的側面だけで評価されることを見てきましたが、この女性に対する一面的な評価は具体的にはセクハラという形で社会問題化されています。セクハラとはセクシャル・ハラスメント（sexual harassment）の略称で、性的な嫌がらせによって相手の人間性を貶めることをいいます。特に、職場において、性的なことばや行為によって女性に苦痛を与え、人間の尊厳を奪うことで、すでに国連の国際労働機関（ＩＬＯ）において、世界共通の深刻な差別としてとらえられているものです。

セクハラの多くが職場内で行われているのには男女の上下関係が大きく関わっています。ハラスメント（嫌がらせ）は強いものから弱いものに向かう言動であり、役職につくのは男性が圧倒的に多いことが、男性の女性に対するセクハラが減らない要因の一つになっています。女性の雇用主や上司に対して、男性の部下が性的嫌がらせをするでしょうか。

福田淳一・前財務事務次官が朝日新聞の女性記者に行ったセクハラに対して与党の自民党議員からさまざまな発言が出ています。麻生太郎財務相が、

「セクハラ罪という罪はない」

「（福田氏）本人が（セクハラは）ないと言っている以上、あるとはなかなか言えない」

セクハラを受けた女性記者が録音した福田氏の発言を公表したことに対して下村博文元文部科学相が、

「隠しテープでとっておいて、テレビ局の人が週刊誌に売るってこと自体がある意味で犯罪」

自民党の長尾敬衆院議員は、セクハラ問題に抗議する女性議員に対して、ツイッターに彼女たちの写真とともに次のような書き込みをしました。

「わたしにとってセクハラとは縁遠い方々です」

セクハラ罪もありませんが、パワハラ（パワーハラスメント。多くは上司が部下に対して行う嫌がらせ。power harassment）にもパワハラ罪という罪はありません。罪名がないから許されるわけではなく、犯罪性がないわけでもありません。

セクハラは密室で行われることが多く、テープをとることは当然の権利です。同僚である女性議員を性的側面でのみ見た長尾氏が書き込んだツイッターは女性蔑視であり、まさにセクハラです。

第三章　女の役割・男の役割

「男のくせに泣くな」

男性は「男のくせに泣くな」と教えられてきたのではないでしょうか。女性は泣いたからといって顰蹙《ひんしゅく》を買うことはありません。男性も乳児のころは泣いても咎められることはありません。それなのに、なぜ成長すると男は泣いてはいけないのでしょうか。韓流ドラマを観ていると、韓国の男性は泣くことを恥だとは思っていないようです。男性が大声で、涙を流して泣くシーンをよくみかけます。

「男は泣くものではない」という規範は地域によって（あるいは時代によっても）異なり、社会的に定められ継承してきたものです。男はなぜ泣いてはいけないのか、女はなぜ泣いても許されるのかを生物学上の性差（セックス）では説明することはできません。「男らしさ、女らしさ」も社会が男に、あるいは女に求めるものであって、身体的特徴によるものではないことは、その基準が時代や地域あるいは集団によって異なることから明らかです。「女／男らしさ」は、長い歴史を経て、いつしか「女／男はこうあらねばならない」という規範となり、あるいは「女／男はこういうものだ」という常識となり、「なぜそうなのか」という疑いを持つこともなく継承され、社会的秩序を維持するために機能してきました。「男は外で仕事をするもの」「女は家で家事と育児に専念するもの」という役割は社会的に定められ性差（ジェンダー）であり、「性別役割分業」とは性別によって担わなければならない役割が社会的常識として定められていることをいいます。

「女は産む機械」

これは二〇〇七年自民党柳沢伯夫議員（当時厚労相）の自民党県議決起集会での発言です。「十五歳から五十歳の女性の数は決まっている。産む機械、装置の数は決まっているから、あとは一人頭でがんばってもらうしかない」という文脈の中で語ったものです。「洗濯機は洗濯をするもの」は、「洗濯機の役割は洗濯すること」と同義で、「掃除機は掃除をするもの」は「掃除機の役割は掃除をすること」になります。「女は子どもを産む機械」は「女の役割は子どもを産むこと」ということです。機械や装置は意思を持たず、人間が操るもので、人間の意のままです。産むか産まないかは個人の自由であり、第三者が決めることではありません。まして国が個人の生き方に関与するのは越権行為です。女は機械の操縦者の命令に従い、子どもを生産せよ、ということでしょうか。

「女にサイン、コサインを教えてなにになる」と言った政治家もいます。あらかじめ女性の能力に範囲を定め、その範囲外は女性の役割ではないということです。「男は外で働き、女は家で家事をする、だから女は教育を受ける必要はない」という固定観念が折節頭をもたげます。

男性は「男だから」という理由だけで課せられた役割があり、女性は「女だから」という理由だけで、男性とは違う役割を担ってきました。今もこの役割分担はテレビのＣＭや政治家の発言の中に日常的に見ることができます。

「産めよ殖やせよ」

近年晩婚化や未婚率の上昇が進んでいます。

厚労省のホームページによると、一九八〇年に夫二十八・七歳、妻二十五・九歳だった平均婚姻年齢が三十年後の二〇一五年には、夫三十三・三歳、妻三十一・一歳に上昇しています。

これにはいくつかの要因がありますが、その中の一つに結婚に対する意識の変化を挙げることができます。結婚が絶対的なライフスタイルではなく、他の多様な選択肢の一つにすぎないと考える女性が増えたということです。

晩婚化は晩産化という状況を生んでいます。それだけではなく、晩婚のため子どもを産まない選択をする人も増えています。更に、第一子を産んだあと、年齢が高くなり第二子を断念する人もいます。

結婚、出産が当然と考えられていた時代には、「結婚して半人前、子どもを産んで一人前」という考えが社会的規範となっていました。出産子育てを経験した人、それらを経験していない人、既婚者、離婚経験者、未婚者、さまざまな人々が共生しているのが今日の日本社会ですが、現実には今なお結婚や出産に対する固定観念から抜け出すことができない状況にあり、女性を画一的に捉え、結婚していない女性に対してあからさまな差別発言が、国の代表、地方自治体の代表である議員から飛び出しています。

政治家による次のような女性に対する差別発言を耳にすると、問題の根深さが浮かび上がってきます。

・二〇一四年六月十八日東京都議会においてみんなの党塩村文夏議員が妊娠・出産に悩む女性の支援策について質問をしていたとき「自分が早く結婚すればいいじゃないか」「産めないのか」というヤジを飛ばした議員がいます。子どもを産むために結婚するわけではありません。
・一五年九月菅義偉官房長官が、芸能人の結婚に対して「ママさんたちが一緒に子どもを産みたいという形で、国家に貢献してくれればいい」と述べ批判を浴びました。子どもを産むのは、あくまでも自分自身のためであって、国家に貢献するために産むわけではないと思いますが……。

・二〇一七年十一月二十一日の自民党役員連絡会で、山東昭子参院議員は「子どもを四人以上産んだ女性を厚生労働省で表彰することを検討してはどうか」と発言しました。

山東昭子参院議員の発言を詳しく見て行きましょう。いくつも問題があります。

・まず、表彰されたいからといって四人産む女性がいるだろうか。
・子どもを産んだ人と産まなかった人、主婦と未婚女性などを分断する離間策であること。
・仕事をしている女性と子どもを四人産んだ人が同等に評価されるとしたら、子どもが三人の人は？　二人の人は？　どんな評価を受けるのか。
・そもそも子どもの有無によって女性を評価するのはいかがなものか。

戦前の「産めよ殖やせよ」を思い起こします。戦時中、このスローガンのもと、表彰された歴史がありますから、笑ってもいられない問題です。

山東議員は朝日新聞の取材に対して、「女性活躍社会で仕事をしている人が評価されるようになって、逆に主婦が評価されていないという声もあるので、どうだろうかと発言した」と語っています。失言の上塗りになっています。

子どもを産んだ女性、産まなかった女性、産めなかった女性、さまざまな人が与えられた人生に誇りをもって生きているのです。それぞれの人生の過ごし方に対して、国家が評価を下すのはいかがなものか。どんな人生を送ろうとも、国はすべての国民を尊重するべきであって、すべての国民が安心して暮らせる社会をつくることに努めてほしいものです。

この原稿を書き上げた直後、自民党加藤寛治衆院議員の「相変わらず」の発言が報じられました。派閥の会合（二〇一八年五月十日）でのことです。結婚披露宴で次のように呼びかけているそうです。一応挙げておきます。

「（新郎新婦に対して）三人以上産み育てて」

「（出席した女性に対して）結婚しなければ、人様の子どもの税金で老人ホームに行くことになる」

十数年前の森喜朗元首相の発言を思い出しました。

「子どもを一人もつくらない女性の面倒を税金でみなさいというのはおかしい」

何をか言わんや。

「神聖な議会に子どもを連れてくるべきではない」

育児中の女性が政治活動をすることに対しての理解も深まっていません。

任期中に妊娠を公表した鈴木貴子衆院議員が、「辞職すべきだ」「職務放棄ではないか」などのバッシングを受けました。多様な経験をした人が議員になることは必要なことではないでしょうか。なぜなら、政策にその経験を活かすことができるからです。子育てをしながら、仕事を継続できるような環境づくりが必要です。

こんなこともありました。

二〇一七年の十一月熊本市議会の定例会で、女性市議が生後七ヶ月の子どもを抱いて議場に入ってきました。彼女は当選二回の緒方夕佳市議。妊娠が分かったときから市議会に子どもを連れてくることができないかと議会事務局に相談していたのですが、前向きな回答を得られないため強行したそうです。町の声は賛否両論ありました。「理解できる。子どもを育てながら政治活動ができる環境を整えるべき」という意見がある一方で、中には「神聖な議会に子どもを連れてくるべきではない」という人もいます。

そういえば、昔「アグネス論争」で同様の批判がありました。タレントのアグネス・チャンさんが子どもをテレビ局に連れてきたことを巡って議論になったとき、職場に子どもを連れてくるのは仕事を軽視していると批判した人がいました。そうでしょうか。

長い間、男性が外で行う生産活動は公的なもので社会性をもっているが、子育ては女性が家の中で行う私的な行為で社会性をもっていないと見なされてきました。けれども、前掲書『女性解放思想の歩み』でも指摘するように、子どもを産み育てることは、生命の生産であり、労働力の再生産を行っているのであって、社会性をもつ行為です。生命の生産は社会を維持し発展させるために必要不可欠なものです。「政治活動は任期があり、議員は一票を有権者から託されているのだから、議会を休むのはおかしい」という考え方がありますが、これは解決できない問題ではないと思います。近年、大学の中に託児所を設けるところがあります。大学を卒業して大学院に入る人や社会人になってから学び直す人が増えていることから、乳幼児を抱える学生のために便宜を図ったものです。

母親には授乳する権利があり、子どもには授乳される権利があるのではないでしょうか。その権利は何人であっても、保障されるべきです。政治家も例外ではありません。この考えに立って、母親が自由に授乳できるための施策を講じるべきではないでしょうか。

「おかあさんだから」

絵本作家・のぶみ作詞、元ＮＨＫの子ども番組のお兄さん・横山だいすけ歌の「あたし　おかあさんだから」が、ネットで大炎上しました。とりわけ当事者である母親たちからの反発が多く寄せられています。

あたし　おかあさんだから
一人暮らししてたの　おかあさんになるまえ
ヒールはいて　ネイルして　立派に働けると強がっていた
今は爪切るわ　子どもと遊ぶため
走れる服着るの　パートに行くから
あたし　おかあさんだから
（中略）
おかあさんになれてよかった

批判の内容は、
①女は自分を犠牲にして男につくし、それで幸せを感じるという、まるで演歌の世界。
②母親に自己犠牲を強いるのは男の目線ではないか。
③「おかあさんだから」「おかあさんなんだから」は「女だから」「女なんだから」「男だから」「男なんだから」と同様、役割の固定化である。

④女性が立派に働くと考えるのは強がっているのであって、強がらなければ立派に働けないのか。

⑤独身の女性や子どもを産まない女性の生き方を否定している。

というものです。批判を受けて、動画は即刻削除されました。作詞家は、お母さんへの応援歌であり、お母さんたちの意見も参考にしたと主張していますが、当事者であるお母さんたちの反発が多かったのは皮肉な結果です。

批判されると即、削除するという、後味の悪い結末でした。

ワンオペ育児

ある大手の牛丼チェーン店で、従業員が調理、給仕、清掃など店内の業務をひとりでこなし、休憩も取れない状況が大きく報道されたことがあります。社会問題にもなり、批判されたことは記憶に新しいのではないでしょうか。

これは、ひとりで行う作業という意味からワン・オペレーション（略してワンオペ）と呼ばれています。

その後、牛丼チェーン店だけではなく、コンビニエンスストアや飲食店などでも、ひとりで勤務するワンオペが行われていることが明るみに出て、話題になると同時に、それらの企業はブラック企業と呼ばれ、社会問題として大きく取り上げられたことは、それほど古いことではありません。

「ワンオペ育児」は、なにもかもひとりで育児をこなすことをいいます。その多くは母親ひとりで行う育児で、その内訳は、夫が単身赴任をしている妻、夫が残業のため朝出勤したあと深夜まで帰宅しない妻、などです。

ひとりでなにもかもこなすという状況が牛丼店やコンビニエンスストアで行われていたワンオペに似ていることから、生まれたことばです。

このことばは、ネットを中心に使われるようになったのですが、今ではネット以外の新聞やテレビなどのマスメディアでも取り上げられています。

ユニ・チャームの「ムーニーから、はじめて子育てをするあなたへ」と題するおむつの宣伝動画がネットで炎上したことがあります。動画には、夜泣きやむずかる赤ちゃんに困り果てたり、片手に赤ちゃんを抱き、もう片方の手でおにぎりをほおばったりしながら、子育てに孤軍奮闘する母親が映し出され、最後は、「その時間がいつか宝物になる」ということばで終わっています。

この動画に対して、「ワンオペ育児に賛同しているのでは」という批判が集中したのです。最初は共感が広がったらしいのですが、のちに批判が多く寄せられるようになりました。最後の「その時間がいつか宝物になる」という、ワンオペ育児を肯定するような台詞に批判が多く寄せられました。このCMには父親が出て来ないのも、批判の対象になったようです。

これに対して、外資系企業P&GのおむつパンパースのCMでは、人種も月齢も異なる赤ちゃんが出てきます。CMは、その赤ちゃんを母親だけではなく、父親や親戚、さらには夜間往診する医師、バスの運転手、通行人などの他人までもが優しく見守るという設定でつくられています。こちらは絶賛されたといいます。

「ムーニー」と「パンパース」の違いは、次世代を担う子どもを育てるのは母親ひとりの責任なのか、社会全体で育てるものなのか、という子育てに対する考え方の違いです。「パンパース」のCMは、子育てに社会全体が責任を負うという発想からつくられたものです。かなり昔のことになりますが、単身赴任中の夫の留守に育児ノイローゼになった妻が自殺するという痛ましい事件もありました。企業の無理解もあるのかも知れません。

ワンオペ育児を肯定する人もいるようです。「三つ子の魂百まで」と幼い子どもを施設に預けることに反対する人もいます。

日本が今陥っている少子化は、子どもは社会全体で育てるものという観点で見れば、保育園の充実や男性の育児休暇の取得率の向上がなぜ必要なのかが見えてくるのではないでしょうか。

アメリカ医療機器メーカーの日本法人クックジャパンが、フランス・アメリカ・スウェーデン・日本の十八歳から三十九歳の子どもがいない女性に対して調査を行ったところ、将来子どもがほしいかという問いに対して、ほしいと答えた割合は日本が最も低いという結果が出ました（**表2**）。

日本では「子育てをする自信がないから」「子育てが大変そうに思えるから」、という子育てに対する不安が子どもをほしいと思わない大きな理由としてあげられています。これに対して、他の三国は、「現状のライフスタイルに満足しているから」が最も多い理由でした。ここにも子育てを女性だけの責任とするのではなく、社会全体が支えるという思想性の問題がありそうです。

表2　将来子どもが欲しいと思う女性の割合

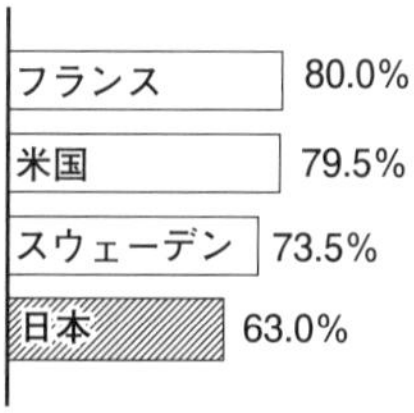

クックジャパン（2017）をもとに作成

女の使命は……。

サントリーのネットＣＭがアダルトビデオのようだと批判されて、一日で削除に追い込まれました（二〇一七年七月六日に公開、翌日の七日に削除）。このＣＭは、男性が出張先で出会った女性と新商品のビール「頂」を飲むという設定で、女性の次のような台詞が女性を蔑視し、性的な対象としてしか見ていない、という批判を浴びたのです。

「お酒を飲みながらしゃぶるのがうみゃあ」
「肉汁いっぱい出ました」
「こっくーん、しちゃった」

その後しばらくして、今度は宮城県の観光PRの動画でタレントの壇蜜さんが演じるお蜜の台詞を巡って、ネットで炎上しました。次のような台詞です。

「お蜜の使命は……殿方に涼しいおもてなしをすること」

「え、おかわり？　もう、欲しがりなんですから」

女性のみならず、すべての男性が好色であるかのような描き方は、男性も不愉快ではないでしょうか。また、もてなしをするのは女性の役割（性別役割分業）のような描き方も気になるところです。

料理関係のCMでは相変わらず、料理をするのは女性です。

一九七五年ごろ「わたしつくる人、ぼく食べる人」というコマーシャルがありました。料理をつくるのは妻、食べるのは夫という性別による分業を肯定しているという批判を受け、数か月で放送禁止になりました。

さすがに、「わたしつくる人、ぼく食べる人」のような露骨なCMはなくなったように思いますが、料理をつくる人、盛り付ける人、洗濯する人などの多くは妻役の女性が演じています。栄養ドリンクのコマーシャルでは、夫の体を気遣うのは妻、朝玄関で見送るのも妻、見送られ仕事に出かけるのは夫です。

消臭剤のCMでは、男性は臭いというイメージが強調されています。

「安い電気に替えるか、稼ぎのいい夫に替えるか」と妻がいうCMがありました。これは稼ぐのは夫の役割ということです。

どう違う？ 「女らしさ」と「女子力」

朝日新聞の『声』欄（二〇一七年三月五日）に興味深い記事を見つけました。十六歳の高校生が「『男らしさ』『女らしさ』とは何？」と題して次のように述べています。

私は最近、男性らしさや女性らしさについて考えさせられる出来事によく遭遇する。例えば、仮面ライダーのおもちゃが欲しいと泣く女の子に、母親が「男の子のおもちゃだからダメ」と言う動画を見た。また授業中に太ももの間に両手を挟んで温めていた男の子に、先生が「男の子なんだから、女子みたいなことしないの」と注意した。

しかし、身体的に男や女だったからといって、心や思考、行動までもその性別に合わさなければいけないのだろうか。ほとんどの人がそうだからといって、そうでない人を異質なものとして拒絶したり取り除こうとしたりするのはおかしい。（中略）日本では男性らしさ、女性らしさという固定観念がいまだに強い。もっと柔軟な考え方ができる人を増やしていくことが大切だと思う。

「女だからこうしなければならない」「女だからこうあるべき」という女性に対して規範をもうけることは、多くの批判にさらされたはずなのに、しかも、本来性差による不平等があってはならない教育現場で、今なおこんなことがいわれているとは驚きです。

登山家の故・田部井淳子氏が登山を始めたころ、「女が登山をするなんて変わり者だ」といわれたそうです。田部井氏が登山を始めたころといえば、半世紀も昔でしょうか。それから人々の意識はかわっていないのでしょうか。自分とは異なる生き方や考え方を認めない人、集団の中で常に多数派に属し、多数派の中でしか生きられない人は、他者の個性を否定しているだけではなく、自己の個性をも否定していていることになります。

男もいろいろ、女だっていろいろなのです。

「女子力」は「女らしさ」に近い意味で使われるようです。女子力として求められるものは次のように多岐にわたります。

・出しゃばらず男を立てる
・飲み会でまめにお酌をする、さっと絆創膏を差し出す、料理を取り分ける、など細やかな気配りができる
・家事が得意である
・丁寧な話し方をする

・身だしなみが整っている

「女らしさ」の多くは性格に対する評価ですが、「女子力」の多くは具体的な行為に対して求められるものです。また、「女らしさ」の対極には「男らしさ」があるのに対して、「女子力」には「男子力」という対立概念はありません。けれども、「女子力」として求められるものは、女性だけに限ったものではなく、男性にとっても必要なことです。男も出しゃばるのは褒められることではなく、会社に入って細やかな気配りができなければ、評価が低くなるでしょう。家事は男性にとっても生きるために必要なことです。いうまでもなく、男性も身だしなみを整えるのは当然のことです。ふだんはぞんざいな口を利いていても、改まった場所では丁寧なことば遣いを求められるのは男も女も同じです。これらのことを、女性だけに求めるとすれば、男性は気配りができなくてもよい、男性は家事ができなくてもよい、男性は乱暴なことばづかいをしてもよい、ということになります。

「女子力」も「女らしさ」も、男性の視点による評価であることは一致しています。「女らしさ」が本質を変えることなく、「女子力」と名前を変えて、ゾンビのように蘇ってきたような気がします。「女らしさ」と「女子力」。どちらも使いたくないことばです。

男強女弱

「女らしい」「男らしい」ということばの背景には、「女／男はこうあるはず、こうあるべき」というモデルがあります。『広辞苑』で「女」を見ると、「天性やさしいとか、感情が豊かだとかいう通用性に着目した場合の、女性」、「男」は「強くてしっかりしているなど男性の特質をそなえた男子」と説明されています。男性には「強い」と「しっかりしている」という特質があることになっていますから、女性は男性に比べて、相対的に弱く、頼りないということになるのでしょう。

「女子ども」といわれるように、女性は子どもと同様、弱くて頼りない存在で、一人前の人間として考えられていません。男性が守らなければならない対象のようです。男性より劣るのは体力だけではなく、頭脳も劣るとみなされてきました。生まれながらにして、男性に依存しなければ生きて行けないものだと考えられてきたのです。男性にとっては、男に頼る女がかわいいとされ、今でもその意識は完全には消えていません。頭の回転が速く、何でもテキパキこなし、たくましい肉体をもつ女性は敬遠されるようです。同性から見ると魅力的ですが。

女は弱くて頼りないといわれますが、男に頼るだけでは生きていけないのが現実の社会です。女性は男性の前では弱弱しく振る舞わなければなりませんが、子どもを産み育てるのだから肉体は丈夫であることを要求されます。昔は多産でしたから、子育てに費やす肉体的な消耗は激しかったことでしょう。子どもを抱えて仕事をするのですから、ほんとうは強くてしっかりしているのではないでしょうか。子どもの教育、近所や夫の両親兄弟たちとの付き合いなど肉体的にも精神的にも強くなければこなせませんが、それを表に出さず、夫の前では弱弱しく振舞えということでしょうか。

「大和なでしこ」はほとんど耳にすることのないことばですが、概念は生きています。女子サッカーのナショナルチームの「なでしこジャパン」は、このなでしこからとったチーム名です。「大和なでしこ」は『明鏡国語辞典』によると、「見かけはか弱そうだが、心の強さと清楚な美しさをそなえている意」とあります。あくまでも女はか弱くなければいけないのですね。心がしっかりしている女性は、見かけもしっかりしているものです。

話は変わりますが、中国にはかつて長い間女性を苦しめてきた「纏足」という制度がありました。

「纏足」は成長過程にある四歳から五歳ぐらいの少女の足に布を巻き足が大きくなるのを止めてしまうことです。体は成長しても、親指以外の指は内側に丸め込まれ、こぶしを握ったような形になります。男性は、ふらつき、よろよろしながら歩く女性の姿を見て喜んだのでしょう。これで完全に女性を支配下に置くことができるわけですから。

数十年も昔になりますが、北京の公園で小さい足でよろめきながら歩く老女を見かけたことがあります。北京の友人から子どものころ纏足をした女性だと聞かされました。纏足は足だけではなく、女性の一生を縛ったのです。

そのときの友人の話では、纏足用の靴も売られていたそうです。纏足は「男強女弱」の関係をつくり上げるために有効な手段となったのです。

女性は天の半分を支える

「女性は天の半分を支える（婦女能頂半辺天）」は中国の毛沢東がいったことばです。

中国では基本的に夫婦は共働きで、女性のほとんどが結婚や出産をした後も仕事を続けます。子どもを育てながら仕事を続けていくことができるのには、保育所などの整備が日本よりも充実していること、共働きは当たり前のことであり、社会がそれを前提として動いていること、隣近所に住む血縁関係のない人たちも協力してくれること、など社会的な環境が大きく関わっていますが、それに加えて、農村では今でも大家族制度が残っており、近くに祖父母など子どもの世話をする親戚がいることも理由として挙げることができると思います。子どもを祖父母に預けて、夫婦で日本に働きに来ているケースも珍しいことではなく、夫と子どもを中国に残して、単身で留学や仕事のために外国へ行く女性も少なくありません。

そんな共働きが前提の中国でも、「共働きは疲れる。女性は家事に専念したほうがいい」という男性がいました。「天の半分を支える」とは、「男はそと、女はうち」という性別による役割分業ではなく、さまざまな分野で男女が同等の役割を果たすことでなくてはなりません。

お隣の国はさておき、我が国の現状はどうなっているのでしょうか。

政治・経済・教育・健康の分野におけるジェンダーギャップ(男女格差)指数を国別に比較した「世界経済フォーラム(WEF)」の報告書が公表されました(二〇一七年十一月二日)。日本は総合では先進七カ国の中で最も低く、一四四カ国中一一四位でした。分野別では**表3**の順位です。

表3　日本における男女格差指数

分野	順位
健康	1位
教育	74位
経済	114位
政治	123位
総合	114位

WEF(2017)をもとに作成

ジェンダーギャップ指数は政治、経済、教育、健康の四つの分野のデータをもとに、完全不平等を0、完全平等を1として作成されたものです。日本は、健康面では平均余命に男女差がみられないという評価で世界一位ですが、他の分野では低い水準になっています。政治の分野における男女の不平等が全体を押し下げていると言われていますが、賃金格差などの経済の分野でも一一四位と低く、教育の評価が他の分野に比べて若干高い評価を得ているものの、百四十四カ国中七四位ですから、健康の分野を除いて、深刻な状況です。

国別に見ると、一位アイスランド、二位ノルウェー、三位フィンランド、四位ルワンダ、五位スウェーデンで、北欧が上位を占めています。アメリカは四九位、ロシアは七一位、中国は一〇〇位です。

政は男がするもの

政治の世界において、女性の議員数は更にお粗末です。国会議員のみならず地方議会における女性議員も男性議員に比べて圧倒的に少なく、当選後のサポートは言うまでもなく、日ごろの政治活動におけるサポートやクオータ制の導入などを検討すべき段階にきています。

二〇一七年十月二十二日に行われた衆院選において女性議員の数は、候補者の数では過去最高でしたが、開票を行ってみると獲得議席の割合は前回とほぼ同じという結果でした。当選者四百六十五人のうち女性四十七人。約一割です。候補者の数をみると、女性が占める割合は、一七・七%と過去最高となったのですが、その中でも安倍総理のおひざ元の自民党は候補者が七・五%で、当選者は七・七%。いずれも全体の割合よりも低い数値です。候補者の段階で、女性が少ないのは、その選択を圧倒的多数を占める男性議員が行うため、男性に偏る傾向があるといわれています。

女性の活躍とか男女共同参画社会とか、アドバルーンは高く上がっていますが、自民党内で、男性と同じ割合で女性は活躍していませんし、男女が共に社会に参画していないのですから、これではみっともないのではないですか。先ず安倍総理自身の党で実現されてはいかがでしょうか。「隗より始めよ」です。

選挙に出るには供託金や選挙活動費などお金がかかり、平均給与が男性の約半分しかない女性にとっては、厚い壁が立ちはだかっていることも指摘されています。

政治に関心があったとしても、育児や介護を担っている女性にとって選挙運動は大きな負担になります。

歴史的に、女性が政に参加することがほとんどなく、政界は典型的な男性中心の世界でした。「代表は男性」という固定観念が根強く、女性にとっては踏み出しにくい分野になっています。

議会の国際組織・列国議会同盟がまとめたデータ（二〇一七年）によると、日本の国会議員に占める女性の割合は世界一九三カ国中一五八位で、アジアでは、中国（七一位）や韓国（一一六位）にも遠く及びません。

選挙制度も女性には不利です。女性が家事と育児を担っている日本社会の現状にあって、女性が定数一の小選挙区で当選するのは極めて難しいことです。

戦後、女性が初めて国政選挙に参政権を行使したのは、一九四六年四月。四五年に衆議院議員選挙法が改正され、翌四六年に行われた衆院選で女性は一票を投じました。当時女性の議員数は四百六十六議席中三十九議席でした。それからすでに約七十年になりますが、政治の世界では未だに「政は男がするもの」という古い考えが消えておらず、女性にとって参入し難い世界になっています。その解決策としてフランスや韓国など多くの国で憲法や法律で女性議員の割合を定める「クオータ制」を採用しています。女性が政治に参加できないのは、能力が男性より劣るからではありません。家事、育児、介護を担っている、あるいはこれから担おうとしている女性が男性と同じスタートラインに立って選挙戦を戦うことは、大きな負担であり、女性が男性よりスタートラインを後ろに下げて走るようなものです。このスタート時の不利な条件を補うために導入されているのが「クオータ制」です。国際社会では、男女に同じ権利を与えただけでは、もともと不利な状況にある女性は権利を行使できないという認識が大勢を占めるようになってきました。「クオータ制」とは、議席数や候補者数で女性が一定の割合を占めるよう定める制度です。日本においても、ようやく「候補者男女均等法」が成立し、クオータ制への一歩を踏み出しました。

リーダーは男がなるもの

日本の人口の男女比は、男が若干少ないですが、ほぼ拮抗しています。それならば、この人口比と同様に、社会のさまざまな分野においても、男と女は一対一の関係にあって当然ですが、実際にはそうはなっていません。どちらか一方の性に偏っています。

特に、リーダーになる女性は男性に比べて圧倒的に少ないのが現状です。

例えば、スポーツにおいて男性が女子チームの監督になることは特に珍しいことではありませんが、女性が男子チームの監督になることはほとんどありません。競技としては男女ともにあるサッカーでも、女性が男子チームの監督になった例はないのではないでしょうか。女子のサッカーチームなでしこジャパンが二〇一一年ワールドカップで世界一になったのは記憶に新しいことです。引退した選手の中には優秀な選手も多いと思いますが、彼女たちは女子チームの監督になることはあっても、男子チームの監督になることはないでしょう。

バレーボールの男子チームの監督になった女性はいるでしょうか。柔道などの審判員も女性は圧倒的に少ないのが現状です。

二〇一七年四月、スポーツ庁や日本オリンピック委員会（ＪＯＣ）は、スポーツ界における男女の平等に取り組む国際女性スポーツワーキンググループ（ＩＷＧ）による提言「ブライトン・プラス・ヘルシンキ宣言」に署名しました。この宣言は、スポーツの機会を男女均等に提供すること、女性が安心して使える施設の確保、役員やコーチなどの組織の意思決定を担う女性を増やすことなど十項目の行動計画からなります。

新聞報道によると、鈴木大地スポーツ庁長官は、同じ年の二月に行われた札幌冬季アジア大会のレセプションで、欧州の役員が「（委員は）男が多い」「これがアジア（の現状）」とささやいているのを耳にしたそうです。国際オリンピック委員会のメンバーに占める女性の割合が二〇一六年に初めて三分の一を超えましたが、それに対して、日本オリンピック委員会では、女性委員は三人だけで、全体のわずか九・四％です。各スポーツ組織の役員に占める女性の比率は、この数年で約三％から一〇％ほどまで増えましたが、それでも、あまりにも少ないと思いませんか。女性の登録競技者数が四割弱を占める日本卓球協会においては、女性役員はわずか一人です。日本バレーボール協会では、三八・一％の女性役員がいます。この割合は比較的多いと思われるかもしれませんが、バレーボールの競技者数は、女性が男性の倍以上です。にもかかわらず、女性役員が四割に満たないのですから、スポーツ人口の割には女性役員の数はお粗末といわざるを得ません（『朝日新聞』二〇一七年四月十五日）。

内閣府の調査では、都道府県の職員のうち、課長級以上の管理職に女性が占める割合は九％だそうです（二〇一七年）。低いですね。

民間では、女性の管理職の割合を五〇％にすると宣言した企業もありますが、女性が企業のトップに就くと、「初の女性〜」と「初」の文字がつきます。リーダーの地位に立つのはほとんどが男性であり、女性が各分野で天の半分を支えるのは、まだ先のことのようです。

町内会の会合には女性が多く出席しますが、自治会長になるのはほとんどが男性です。小学校や中学校のＰＴＡの会長もほとんどが男性です。子どもの学校行事に参加するのは、母親の役目でも、そのリーダーの多くを男性が占めています。「リーダーは男性」という旧い慣習は、政治、経済、文化など、あらゆる分野で貫徹されているようです。

男が家庭に進出

近年、女性の「社会進出」が進む一方で、男性の「家庭進出」も見られるようになりました。女性が「社会進出」を果たすためには、男性の「家庭進出」は不可欠です。

男性の「家庭進出」を表すことばに「イクメン」と「カジメン」があります。積極的に育児にかかわる夫を称して「イクメン」といいますが、このことばが世に出て、流行語大賞の候補になったのは数年前と記憶しています。今では全国的に知られるようになったことばですが、「イクメン」を実践している男性はまだ少数に留まっているのが現状です。このことは育児休暇を取得する男性が女性に比べると圧倒的に少ないことから窺い知ることができます。厚生労働省の「雇用均等基本調査」によると、育休を取得する男性は微増しているものの、仕事をもつ女性の育休を取得する割合が八一・八％（二〇一六年度）であるのに対して、男性は本調査が始まって以来最高値を記録したとはいえ、わずか三・一六％（同）です。さらに、取得した育休の期間は男性の七割が二週間以内です。男性が育休を取りにくい背景には、家計の主要な担い手である夫の収入が減ることへの不安があるといわれます。男性の育休取得に取り組み、取得率が七割を超す企業もあるそうですが、今まで社員の長時間労働を前提として運営してきた企業の体質はそう易々とは変わらないものなのでしょう。

育休を取得する社員に対する周囲の無理解もあります。女性に対する「マタハラ」と同様の嫌がらせがあるとも聞いています。子どもは母親が育てるものという固定観念が根強く残っているため、仕事のしわ寄せが来る同僚の理解を得るのが難しいとの訴えもあります。同僚への仕事のしわ寄せは企業サイドの問題であって、育休を取得する側の問題ではありません。

最近「カジメン」ということばが生まれました。「カジメン」は積極的に家事に携わる男性のことで、独身者も含みます。「カジメン」「イクメン」ともに「積極的」と「楽しむ」がキーワードで、「妻にいわれるから仕方なくやる」「妻がやるべき家事や育児を手伝う」という受動的なかかわり方ではなく、能動的にかかわる男性をいいます。家事は生存するために必要なことで、家事をするのは当然のことであり、それならば、楽しみながやろうという考え方が根底にあります。人生百年といわれる現代社会において、男性も一人暮らしをする確率が高くなっています。家事にかかわることは避けられないことであるならば、効率よくこなす術を身に付けたほうが生き易いのではないでしょうか。

近年、男性学という学問が注目されていますが、男性学は女性学に比べ、歴史が浅く、まだ多くの人に知られていないかも知れません。女性学は、女性であるがゆえに生まれる悩みを考える学問で、男性学は、男性にも男性という性が原因で感じる生き辛さがあるという観点から、その背景に光を当てる学問です。「男は仕事、女は家事」という役割分担によって、「女は家事をするもの」という固定観念が重く女性にのしかかっていますが、「男は仕事をして家族を養うもの」という固定観念は男性を苦しめることにもなっていたのです。「女だけがなぜ家事をしなければならないのか」という女性の問いかけは、「男はなぜ仕事をしなければならないのか」という疑問を社会に投げかけるきっかけになっています。

「ぼくも家事や育児を手伝ってます」

男性の意識にも変化が見られないわけではありません。NHKが行った日本人の意識調査によると、「夫も家事をするべきである」と考える人は、一九七三年の五三％から、二〇一三年の八九％に増えています。男女別にみると、大きな差はありません。

先述したように、一九七五年「わたし作る人、ぼく食べる人」というテレビのCMが批判を受けましたが、それから四十年たった二〇一三年では、意識が大きく変化し、十人のうち九人が夫も家事や育児を担うべきと考えていることになります。にもかかわらず、男子の育児休暇の取得率と家事に費やす時間は極端に少なく、意識と現実には乖離があります。やらなければならないという理屈は分かっているけれども、子どものころからやってこなかったため、やり方が分からない、という人もいるでしょう。これは女性も同じではないでしょうか。現実の経済活動において、男性は歯車のように組み込まれているため、抵抗することの難しさもあるでしょう。

もう一つ、設問にも問題があるように思います。
設問は次の二つのどちらかを選ぶことになっています。

甲　台所の手伝いや子どものおもりは、一家の主人である男子のすることではない《すべきでない》

乙　夫婦は互いにたすけ合うべきものだから、夫が台所の手伝いや子どものおもりをするのは当然だ《するのは当然》

現在の日本社会において、「家事や育児は男のやるべきことではない」と考える人が少ないことは想像できることで、この二つの設問の中で甲を選択する人が少数であるのは当然といえます。それでも、今からわずか数年前の二〇一三年時点で「男は家事や育児を手伝うのは当然」と考えていない人が一一％もいるという調査結果は驚きではないですか。十人に一人の割合ですから、決して少なくないでしょう。

設問にある問題とは「手伝い」と「おもり」です。

「台所の手伝い」というのは、皿洗い程度なのか、週のうち何日かは献立を考え、買い物をして、料理をつくり、後片付けをするところまで、主体的にやるのか、程度がわかりません。

料理をつくるには、調味料が必要です。調味料が切れていないか、茶葉はなくなっていないか、

洗剤はどうだろう、こんなことにも気をつけなければなりません。子どもの成長にあわせて、子供服やおもちゃを買い替えることも子育ての一部です。乙の家事や育児の手伝いには、そんなことも含んでいるのでしょうか。家事やおもりを妻の手伝いと捉えているところに、問題の本質があります。

家事や育児は妻がやるもので、夫は一切やらないといという夫婦関係から、妻が主であり、夫は従ではあるけれども、夫も家事・育児を手伝うという夫婦関係へ変化してきたことは一歩前進といえなくもないですが、既婚の男性に「家庭と仕事を両立できますか」と訊くでしょうか。訊かれるのは女性だけです。

おままごとは男の子の遊びではない

相変わらず性別役割分業が温存され、時に強化されていますが、その一方でジェンダーフリーも確実に広まりつつあります。

かつて子どもに与えるおもちゃに見られた男女の垣根が低くなったといわれます。子どもの遊びといえば、男の子はプラモデル、女の子はままごと遊びや人形遊びと決まっていましたが、最近はままごと遊びをする男の子やプラモデルで遊ぶ女の子がいるそうです。

親の世代に「男の子は男の子らしく」「女の子は女の子らしく」という固定観念に囚われな

いジェンダーフリーという考え方が広まりつつあり、性差による固定観念が薄れてきたともいわれます。

本来、料理をつくる、子どもを育てるという行為は男の子であっても、女の子であっても興味を覚えるものではないでしょうか。まだ社会的な性差に対する意識が埋め込まれていない男の子がままごと遊びや人形遊びに夢中になるのは自然なことのように思います。なぜなら、一日のうち多くの時間を共に過ごす母親の料理や掃除をする姿に接しているのですから、家事は女性がするものという刷り込みがない子どもは抵抗なく母親の行動をまねるでしょう。自然なことのように思います。

人形を弟や妹のようにかわいがる男の子もいるのではないでしょうか。部品を組み合わせ、完成品をつくりあげる楽しさは男女共通のものです。プラモデルで遊ぶ女の子がいても不思議ではありません。

スイーツ男子

元サッカー日本代表の前園真聖さんはプリンが好物だそうです。「スイーツ男子」と呼ばれています。現役のころは、男子サッカー選手として、構えていたところがあり、自分から甘党と言えなかったそうです。スイーツを食べるのは格好悪いと思っていたと語っています。

ところが、あるできごとがきっかけで、サッカーができなくなったとき、飾らないありのままの自分をさらけ出そうと決め、そうしてみると、気が楽になって、ずいぶん生きやすくなったそうです。

あるできごとというのは、二〇一三年に酒に酔ってタクシー運転手に暴行を働き、約四か月の謹慎処分を受けたことです。

かつてなら、甘いものを食べるのは女性であって、公然と甘いものが好きだという男性は少なく、クリームパフェやお汁粉を食べる男性はほとんど見かけなかったものですが、周囲を見渡すと、酒も飲むけれど、甘いものも好きだという男性は少なくないことに気付きます。

酒を飲む女性が珍しくなくなったのは、ここ最近のことではありません。わたしが大学生だったのは半世紀も昔のことですが、そのころでも女同士で酒を飲みに行くことを咎める風潮はなかったように思います。ところが、今でも男性は「男は辛党、女は甘党」という固定観念で、自らを縛り付けていたのですね。女性はとうの昔にそんな固定観念など捨ててしまっているのに……。

弁当男子

自分で弁当を作って出勤する男性を「弁当男子」と呼ぶそうです。

今までも料理研究家のように職業として料理に携わる男性は決して珍しいことではなく、レストランの料理人は男性の方がむしろ多いのではないでしょうか。それがなぜ家事としての料理となると、男性は手を出そうとしないのでしょうか。料理は男のやることではないというすり込みがあったことに加えて、台所は女性のお城という意識が女性の側にもあり、男性にとって入りにくい領域だったようです。

ところが、近年は「弁当男子」や、定年退職後料理学校へ通う男性が出て来るなど、料理における男女の垣根が低くなりました。

長い間日本では「男子厨房に入るべからず」と台所から男性を締め出し、ちょろちょろと台所に入って来る男性は「ゴキブリ亭主」とうるさがれたものです。家事を一切行ってこなかった男性が定年になって退職し、終日家にいるようになると、「粗大ゴミ」と言われ、役に立たないゴミ同然となります。

「粗大ゴミ」は一九八〇年代に流行ったことばです。

家事の一切を妻に任せた夫は毎日残業があり、家庭内で過ごす時間がない。そんな夫婦生活が長く続いた妻にとって夫は「亭主丈夫で留守がいい」という存在です。定年退職し毎日家で何もせず、ごろごろしている夫が目障りにもなってきますが、やることのない夫は妻のそばを離れず、「ぬれ落ち葉」となって妻に貼りつくことに。

女子には女子の好きなものがあって、男子には男子の好きなものがある。これは固定観念に過ぎません。すでに酒豪の女性は珍しくなくなりました。

一方で、既存の慣習を壊そうとする動きもわずかながら芽生えています。近年は「主夫」も増加の傾向にあります。夫が家で家事や育児を全面的に担い、妻が外で働くというケースです。一五年の国勢調査によると、結婚している二十～五十九歳の男性のうち「家事のほか仕事」をする兼業と、基本的に「家事」だけに従事している専業は、十一万四千人に上り、〇〇年の六万三千人から二倍近くまで伸びました。まだまだ「主夫」という呼称は市民権を得ていませんが、意識は確実に変化しています。

今なお残る「女人禁制」

「女人禁制」(「ニョニンキンセイ」「ニョニンキンゼイ」どちらも可です)は僧の修行の妨げになるとして、女性が山内に入ることを禁ずるもので、明治初年まで高野山・比叡山などで行われていました。すでに過去のものというイメージがありますが、江戸時代の男尊女卑の残滓のような制度を堅守している場所や業界が今もなお残っています。

二〇一八年四月四日、京都府舞鶴市で行われた大相撲春巡業で、あいさつをしていた多々見良三舞鶴市長が「女人禁制」の土俵で突然倒れました。数人の女性が土俵に上がり、心臓マッサージを始めたところ、「女性の方は土俵から降りて下さい」というアナウンスが何度も流されたのです。それでも女性は救急隊員が来て交代するまで救急介護を続けたそうです。女性の一人は看護師でした。

土俵に女性が上がれないことは、今まで何度も問題になってきました。女性の市長や知事が土俵に上がってあいさつすることに相撲界が難色を示したこともありました。

一九九〇年には森山真弓官房長官（当時）が初場所で内閣総理大臣杯の授与を希望したのですが、相撲協会が難色を示したことにより断念しています。二〇〇〇年には、春場所で太田房江大阪府知事（当時）が府知事賞の授与を行いたいと申し出たところ、やはり相撲協会が難色を示しました。新しいところでは、兵庫県宝塚市で二〇一八年四月六日に開かれた地方巡業「宝塚場所」で同市の中川智子市長が、企業などでつくる巡業の実行委員会に、土俵上であいさつをしたいと伝えたところ断られ、土俵の下であいさつをしました。引退相撲の断髪式でも女性は土俵に上がれず、髪にはさみを入れるのは土俵の下です。男性は土俵の上で断髪式に参加しているのに対して、女性だけが土俵の下にいるというのは奇妙な光景です。女性の市長や知事が土俵の下であいさつしている姿もどこか滑稽です。

「ちびっこ相撲」でも、女の子は土俵に上がることができません。東京青年会議所が主催する「わんぱく相撲」で、地区予選で準優勝した小学五年生の女児が国技館で行われた決勝大会に出場できないことがありました。この女児は日本社会の不条理を痛感したことでしょう。相撲協会は、女児は男児に比べてけがをする子が多いからと説明していますが、納得できる人がいるでしょうか。「女人禁制」という伝統を守ろうとする背景には、「土俵は神聖なものだから」という男性優位の発想があります。他の格闘技には女性も参加しているにもかかわらず、相撲だけはなぜ許されないのか、教育現場では男女平等を教えておきながら、相撲はなぜ平等ではないのか、この矛盾を子どもたちにどう説明するのでしょうか。「女が立ち入るとけがれる」「女は不浄のもの」という悪しき「伝統」を守り続けなければならない理由を子どもたちに説明する術をわたしは見つけることはできません。

「女人禁制」は日本の文化の一つと考える人もいますが、あたりまえとして守り継がれてきた「伝統文化」が歴史の進化とともに「あたりまえ」ではなくなっていくのは当然のことです。「女人禁制」から「女人解禁」になったものもあります。女性は酒蔵や麹（こうじ）を造る部屋に入ることができなかった歴史が長く続きましたが、今では女性の造り手も増えてきました。ここには、人手不足から、女性の力を借りなければならないという業界特有の事情があったようです。

女性は体温が高いため、寿司を握るのは男性の仕事と言われてきましたが、それも崩れつつあります。

トンネルも長い間「女人禁制」の場所として工事中には入ることができなかったのですが、二〇〇七年に労働基準法が改正され、妊娠中の女性が従事できない作業があるなど、いくつか制限はありますが、ようやく解禁になっています。女人禁制の山も、基本的に解禁になっています。祭りの中には未だに女子が参加できないものが残っていますが、これも十分とは言えないまでも、すでに見直されたものもあり、歴史は「女人解禁」へと動きつつあります。

女人禁制を見直す業界がある中で、相撲業界が頑なに守り通さなければならない「伝統」とはいったい何なんでしょう。「女人禁制」は男尊女卑や身分制度による差別によって社会が成立していた時代に生まれたものです。完全になくなったとはいえませんが、男尊女卑が否定され、身分制度がなくなった今日においては、私の目には過去の捨て去るべき遺物としてしか映らないのですが……。

第四章　漢字とジェンダー

日本に漢字がやってきた

正確にはわかっていませんが、漢字が日本に入って来たのは、千数百年ほど前といわれています。そのころ表記する文字を持っていなかった日本語は、中国で成立した漢字を拝借したわけです。中国語とは文法体系が大きく異なる日本語の中に漢字を組み込んだのですから、我々の祖先はさぞかし苦労したのではないかと思いますが、外来のものを日本風に加工するのは得意中の得意ですから、今ではすっかり定着しています。なにしろ、漢字をもとに仮名を創作したのですから、その加工技術は敬服に値します。

ここで少し「中国語」という呼び名について説明します。

中国人が話す言語が「中国語」と考えるのは正確さに欠けます。中国では「中国語」ではなく「漢語」と呼びます。それは中国が多民族多言語国家であり、複数の言語が共存しているからです。厳密にいえばモンゴル族のモンゴル語、朝鮮族の朝鮮語などを包括した「中国語」という言語は存在しません。通常日本で「中国語」と呼んでいることばは、五十六ある民族の中の漢族が話す「漢語」と呼ばれるものです。この「漢語」には多くの方言があります。互いに意思の疎通が困難なほどに差異が大きい方言もあります。日本の大学などで学ぶ、いわゆる「中国語」は漢語の中の北方方言を中心に形成された「普通話」と呼ばれるもので、中国ではほとんどの人がこの「普通話」を話すことができます。本書では「中国語」と「漢語」を併記することにします。

中国に関心のない人でも、「春眠暁を覚えず」の一節で始まる漢詩はご存知でしょうし、「義を見て為らざるは勇なきなり」という論語の一節をご存知の方も多いのではないかと思います。もととなる中国の漢字表記は次のようになります。

春眠不覚暁

見義不為、無勇也

日本は中国から入って来た漢字による詩や文章を訓読することによって、中国の漢字は日本で独自の発展を遂げていくのですが、日本と同様漢字を採り入れた韓国、北朝鮮、ベトナムではすでに使用されていません。大韓民国では現在日常生活において漢字の使用は急速に減少し、ハングルを知っていれば充分生活できる状況にあり、朝鮮民主主義人民共和国でもハングル専用政策によって、表記文字はハングルに統一され、日常生活では漢字は全く使われていないそうです（生越直樹『漢字圏の近代』「朝鮮語と漢字」）。ベトナムも漢字を採り入れましたが、現在では使用されていません（岩月純一『漢字圏の近代』「近代ベトナムにおける「漢字」の問題」）。

先ほど日本語と中国語（漢語）は文法体系が異なるとお話ししましたが、基本文型からして違います。中国語は動詞のあとに目的語を置きますが、日本語は動詞の前に目的語が来ます。日本語と中国語は漢字を共有しているのだから、書けばわかる、と考える人がいますが、一部の語彙が同じでも、文となれば語順が違うのですから、筆談は成立しないと思ったほうが無難かも知れません。

この章の主要テーマである、女偏の漢字に話題を移します。

漢字の部首には、「女」はありますが、「男」はありません。しかも、「女」を部首にした漢字が実に多いのです。女性の性格、容姿を形容する漢字だけでもかなりの数があります。「女」を部首にした漢字を見ると、女性の歴史を知ることができそうです。

儒教もいっしょにやってきた

漢字が日本に伝来したとき、日本語はどういう段階にあったかといいますと、まだ幼稚な段階で、具体的なものを指すことばはあったのですが、抽象的な概念を指すことばはほとんどなかったそうです（高島俊男『漢字と日本人』）。どういうことかといいますと、「雨」「風」「雪」のような具体的なものを指すことばはあったのですが、それを概括する「天候」「気象」という抽象的なことばはまだ生まれていない段階で、これらの抽象的な概念も漢字とともに日本に入ってきました。更に、漢字の移入に伴い、法律、宗教、文化、哲学などについて書かれた書籍も入ってきます。

儒教の経典である『論語』が日本に渡来したのは、応神天皇の時といわれていますが、『論語』といえば、頭に浮かんでくるのは孔子でしょうか。孔子は紀元前五五一年、現在の山東省にあった封建国家魯の国で生まれた思想家で、儒教の祖といわれています。生涯、封建諸侯から封建諸侯へと遍歴を重ね、最後は故郷の魯で紀元前四七九年に亡くなっています。

『論語』は孔子の言行や孔子と弟子たちの問答などを集めたものです。四字熟語「温故知新」は日本でもよく使われることばですが、出典は『論語』です。

「過ぎたるはなお及ばざるが如し」
「吾れ十有五にして学に志す。三十にして立つ。四十にして惑わず。五十にして天命を知る。六十にして耳順《みみした》がう。七十にして心の欲する所に従って、矩をこえず」（岩波文庫『論語』）
も『論語』の中の一節です。
二〇〇八年北京でオリンピックが開催されました。中国で縁起が良いとされる数字「八」が並んだ二〇〇八年八月八日午後八時に始まった北京オリンピック開会式のアトラクションで来訪者に歓迎の意を表し、二千八人の奏者が唱和したのは日本でもよく知られる論語の一節
「有朋自遠方来不亦楽乎（朋あり、遠方より来る、亦た楽しからずや）」（岩波文庫『論語』）
です。日本でも馴染みのある孔子ですが、かれが祖となる儒学では、人間には支配するものと支配されるものがあり、被支配者は支配者に、女は男に従属するものと考えられています。
次も『論語』の一節です。

唯だ女子と小人は養い難しと為す。これを近づくれば則ち不遜なり。これを遠ざくれば則ち怨む。（女と下々の者とだけは扱いにくいものだ。近づけると無遠慮になり、遠ざけると怨む）（岩波文庫『論語』）。

儒教における男と女の関係は、「年長者は年少者より権利を有し、より高い位置にあるものはより多くの権利を有する」（ヴォルフラム・エーバーハルト『中国文明史』）という上下関係と同列に置かれ、男は女の上位に立つもので、支配と被支配の関係として位置づけられています。

中国では、漢代に儒教が国教となって以来、儒教は人々の精神構造に強い影響力をもち続けますが、その儒教は「男女の別」が徹底されています。「女は幼いときは父兄に従い、結婚してからは夫に従い、夫に先立たれた後は子に従う」という、いわゆる「三従の道」は日本でも有名です。

この「男尊女卑」の思想が、漢字とともに日本にもたらされ、そして、日本に移入された男性中心の思想は、やはり中国と同様、人々の精神構造に長く作用し続けることになります。

中公新書『部首のはなし』(阿辻哲次)によると、「女」という漢字は手を胸の前に組み合わせ、ひざまずいた人間の形をかたどった象形文字です。同書によると、「女」は男の前でひざまずき、言われるままに行動することが要求された時代に作られた漢字で、「女」の背景には、女は男より一段低い地位をあたえられていた事実が存在しています。古代中国で作られた「女」という漢字は長い歴史を経た今日も私たちは日常的に使っています。漢字の成立時に込められた「身分」としての「女」はすでに過去の存在になったのでしょうか。

どう違う? 「女」と「婦」

さて、「おんな」を意味することばには「女」「女子」「女性」「婦人」などいくつかありますが、「女」にはマイナスのイメージがあります。「おとことおんな」のような対比構造においては、このマイナスのイメージは打ち消されますが、単独で用いる場合にはしばしば差別的なニュアンスがあります。

次の例はテレビのニュースで報じられたものですが、容疑者に使われている「女」を「女性」「婦人」「女子」に置き換えると、違和感があります。

「覚せい剤を自宅で使用したとしてプロレスラーの女が逮捕された」(BS-TBS二〇一八年五月十五日)

「男」と「男性」でも同様の違いが見られます。

「千葉市稲毛区の飲食店で13日夜、40代の夫婦と6歳と1歳の女児の計4人が一緒に食事をしていた男に刃物で切りつけられた事件で……」（『東京新聞』二〇一八年五月十四日）

犯人には「男」が用いられています。

労働省婦人局の名称が、一九九七年十月一日に女性局に改められました（かつて呼んでいた婦人警官も女性警官というようです）。なぜ婦人局の名称では問題があるのでしょうか。

『広辞苑』の「婦人」の項には、次の二つの意味が載せられていますが、②の意味で使われることが多いかもしれません。

①成人した女。女子。婦女。女性。
②嫁いだ女。

「女」はムスメとも読みます。意味は娘です（『漢字源（新版）』）。「婦」はヨメ、ツマとも読みますから、既婚の女性が「婦」で、未婚の女性が「女」ということになります。そこで、「婦」と「女」を重ねた「婦女」はすべての女性を指すことになるわけです。「婦女子」ともいいます。

『漢字の字源』（前掲阿辻哲次）によると、「婦」のツクリは「帚」。このことから、「婦」は箒をもって掃除をする女性を指しますが、この箒は、一般の家庭で掃除をするときに使う箒ではなく、神聖な祭壇を掃除するためのもので、「婦」というのは神聖な職務を担当する非常に地位の高い女性を指したそうです。それが、のちに一般の女性を指すようになったと、前掲書は述べています。

「節婦」「寡婦」の「婦」は既婚者を指します。「節婦」は夫の死後他の男性と交わらない女性のことで、「寡婦」とは夫を亡くした女性のことです。

平安時代には、節婦を賞して不輸租田が与えられたそうです。不輸租田とは田租を免除された田のことです。ということは、そのころは節婦が少なかったということでしょうか。中国の儒教思想は「女は二夫にまみえず」と説いていますが、六世紀には日本に入ってきたといわれる儒教も、支配者階級だけの知識に留まり、広く浸透するまでにはかなりの時間を必要としました。「万葉集」では性的快楽を謳歌する歌が詠まれているのですから、男女の交わりは割合自由だったのかも知れません（小寺初世子『女性差別をなくすために』）。

「夫婦」「主婦」などの「婦」も既婚者ですが、「裸婦」「看護婦」などでは、未婚既婚の区別はありません。

そういうわけで、「婦」は既婚未婚ともに使うことができます。従って「婦人」も既婚と未婚の区別はありませんが、ツマやヨメを連想されることばを、公の機関の名称に使うのはマズイと思ったのか、外部から指摘があったのか分かりませんが、婦人局の下部組織であった婦人労働課、婦人政策課なども女性労働課、女性政策課に改称されたもようです。

女性の容貌を表現する女偏の漢字

女偏の漢字には女性の容姿を表すものが多くみられます。

先ず、「容姿」の「姿」は「女」と「次」。「次」はリラックスするという意味です。「姿」はリラックスしたときの女性のさまざまなすがたを表しています。それが、一般に、「すがた」の意味を表すようになりました（『新漢語林』）。

容姿を表す漢字をいくつか抜き出してみましょう。

「姜」：美しい娘のこと。美女。
「妍」：みがいたように容色が美しい。
「娥」：目鼻立ちがくっきりとして美しい。
「嫣」：落ち着いていて美しい。「嫣然」は女がにっこりと穏やかに笑うさま。
「妖」：なまめかしいこと。
「姚」：ほっそりとしていて美しい。
「娃」：すっきりしていて、際だって美しい。

「娜」：なよなよとして美しい。

「妙」：きめ細かくて美しい。


この他体型や仕草を表す漢字には次のようなものがあります。


「媚」：なまめかしいこと。訓読みは「こびる」で、なまめかしさでたぶらかす、へつらって人の気を引く、などの意味。

「嬬」：やわらかい体つきの女性。

「嫋」：細くてしなやかなこと。


ほっそりして、なよなよしている女性が好まれたようです。女性の美しい容姿を形容する漢字は多くつくられていますが、マイナス評価の容姿を表す漢字はほとんどありません。美しい女性には興味があるけれど、美しくない女性には興味がないのでしょうか。

女性の美しさを表す女偏の漢字はまだありますが、一先ずこの辺りにしておきましょう。

「嬲る」について

「嬲」を訓読みすると、「なぶる」です。

『広辞苑』の解釈では、「責めさいなむ。いじめる。からかい、ひやかす。ばかにする」。男女の位置が入れ替わる「嫐」もあります。「嬲」の異体字です。意味は「なやむ」「なぶる」などです。

「娚」という漢字もあります。同様に「なぶる」と読みます。「女」と「男」を組み合わせたこの三つの漢字はいずれも男女の性的関係をイメージさせます。女と男は性別を超えた関係を結べないのでしょうか。

「女」が三つで、「姦通」の「姦」です。「姦通」は女性だけが不義を働くわけではなく、男女同罪であるはずですが、漢字に現れるのは女性だけです。

「妾」は入れ墨をした女性

妾は正妻以外の愛人をいいます。「妻」と「妾」、この二つの漢字を見ると、その境遇や立場に大きな違いがあることが容易に想像できます。

「妻」の「女」の上の部分はかんざしを表します。「斉（整える・そろう）」と同系であるのに対して、「妾」の「女」の上の「立」は「辛」で、罪人などに入れ墨をするときに使う針のことです。かんざしと入れ墨の違いが、両者の地位の違いを如実に物語っているようです。

「妾」と同系の漢字は手偏に「妾」からなる、接待の「接」で、身近に接して世話をする女性、男性と交接する女性を意味します。「妾」は本来罪を犯したり、戦争で捕虜になって拉致され、奴隷となって使役をする女性を指していたそうです（前掲『漢字の字源』）。

どんな経緯で、奴隷として使役する女性を表す「妾」が愛人をさすようになったか分かりませんが、どちらも主人にかしずくことでしか生きる術がない哀しい女性の姿が浮かんできます。

老いた妾たちにはどんな運命が待っていたのでしょうか。

子や孫に囲まれ、穏やかな老後を過ごすことなど想像すらできなかったのではないでしょうか。消すことができない入れ墨のように、抗いようのない定めと諦め、身を委ねるしかなかった数多くの女性たちがいたことでしょう。同じ妾であっても、男児を産んだ女性と、産むことができなかった女性では自ずと境遇に違いが生じたことは想像に難くないことです。「主人」から受ける寵愛の深さによっても境遇に違いがあったでしょう。いずれにしても、彼女たちには受動的な生き方しかなかったのです。

それでは、妻ならば自ら運命を切り開き、能動的に生きられたか、といえば、否です。

どんな身分であろうとも、女である限り男に従属する存在であったことには変わりなかったと思われます。そんな女の生き方に思いを寄せるとき、「ゆだねる」の漢字が部首字「女」からなる「委」であることが納得できます。

女々しい

「女」をふたつ並べると「女々しい」になります。

「女々しい」を『広辞苑』で見てみます。

①ふるまいなどが女のようである。
②柔弱である。いくじがない。未練がましい。

『広辞苑』によると、「女の腐ったよう」も「女々しい」と類似の意味です。女性を腐らせるとどんな状態になるのでしょうか。

「女々しい」は女性に使われることはありません。男性を形容するためのことばです。なぜ男性を形容するのに「女」を引っ張り出すのでしょうか。女性はすべて女々しいものだと考えられていたからでしょう。

果たして、柔弱である、いくじがない、未練がましいは多くの女性に共通する特徴でしょうか。古から、女性は剛健で、意志が強く、思い切りがよかったのではないだろうかとさえ思います。なぜなら、農村では、女性は重要な働き手であったからです。かつて、妻たちは子どもを背負って、夫とともに田畑で働いていました。農村でなくとも夫が糧を得るため家を空けたあと、妻は家を守り、子どもや老親の面倒を見ていました。

スタイルこそ変われ、本質は今も昔も変わりません。かつて農村で子育てをしながら働いた女性は、現在では保育所という社会的な施設を利用してはいますが、仕事をしながら、家事や育児をこなしています。

保育所へ子どもを送り届け、男性と同様に仕事をこなし、仕事を終えると、保育所に子どもを迎えに行きます。柔弱で、意気地なしで、未練がましく、いつまでも過去にこだわる、そんな「女々しい」生き方など女性に許されてこなかったのではないでしょうか。そんな余裕などないはずです。

姦しい

『新漢語林』には「女」を二つ並べた「奻」もあります。二人の女性が同居して言い争うことをいいます。

三つの「女」からなる「姦」はよこしまな、あるいは道理に背くことで、「奸」も同じ意味。

女が三人寄れば姦しいといわれますが、男も三人寄れば、一人ぐらいは話し好きな人がいるのではないでしょうか。無口な男性ばかりではないのでは……。「姦」にかしましい、やかましいの意味があることは、改めていうまでもありませんが、実はこれは「国訓」と呼ばれるものです。「国訓」とは日本だけで用いられている意味ということです。つまり、中国語ではこの意味はありません。

女性はそんなにおしゃべりでしょうか。中国から伝えられた儒教の教えに「七去の法」があります。女性が夫から離縁を求められても仕方がないとされたのは次の七つの理由です。

一、舅・姑に従わないこと
二、子どもができないこと
三、淫乱であること
四、嫉妬深いこと
五、悪い病気にかかっていること
六、盗癖があること
七、多弁であること

七番目に挙がっている「多弁であること」はおしゃべりも離縁の理由になることを示してい

ます。
八代亜紀は「舟唄」で、

「お酒はぬるめの燗がいい、肴はあぶったイカでいい、女は無口な人がいい、灯りはぼんやり灯りゃいい」

と歌っています。今昔を問わず男性にとっては無口な女性が好まれるようです。無口な女性が好まれる風潮にあって、口数が多いか少ないかの評価は、無口な人が基準になり、あるべき女性の姿は無口であって、話し好きな女性は無口な女性と比較され、相対的に「うるさい」と疎まれたのではないかと思います。長電話も女性特有のものではありません。

第五章　家族とジェンダー

「悪妻」「良妻」「恋女房」

「悪妻は六十年の不作」だそうです。「悪妻」をもつと夫は一生不幸になるという意味ですが、「百年の不作」とも「一生の不作」ともいわれます。これに対して「悪夫」は『広辞苑』『明鏡国語辞典』『大辞泉（第一版）』いずれも項目を立てていません。

妻を褒めていう「良妻」はありますが、夫を褒める「良夫」は『広辞苑』『明鏡国語辞典』『大辞泉』いずれの辞典にもありません。夫は妻に対して、良い悪いという評価を下しますが、妻は夫を評価することは許されなかったのでしょうか。

妻を愛している夫は「愛妻家」、その妻は「愛妻」。ところが、この対語である、夫を愛している妻を表すことばは頭に浮かんできません。日常的に使うことばの中にはないのでしょう。

妻であれば、夫を愛しているのは当然のことで、夫はすべての妻に愛されているという錯覚があるからでしょうか。あるいは、夫は妻の愛情に関心がないのでしょうか。

愛し愛され結婚しても、毎日顔を合わせていれば、結婚前に抱いた感情が薄れて来るのは世の常。それでも夫に深く愛されている妻は「恋女房」という称号が与えられます。希少な存在です。

そういえば「恐妻家」はありますが、「恐夫家」は辞書上にはありません。現在、社会問題となっているのは、妻を恐れる夫ではなく、むしろ夫を恐れる妻のほうではないでしょうか。「夫源病」を患う妻がいるといわれます。定年退職した夫の言動がストレスになり、体に不調を来す妻が少なくないそうです。

退職するまで仕事中心だった夫が突然毎日家にいるようになる。

とうの昔に共通の話題などなくなっている。

相変わらず夫は家事を一切しない。

そんな夫も仕事があるときは、接触時間が短いため、気にならなかったのですが、毎日顔を合わせるようになると、うっとうしい存在になってきます。夫源病とは、そのストレスによって引き起こされる病気のことです。夫が妻を恐れるより、妻が夫を恐れるほうが深刻な結果を招くと思うのはわたしだけでしょうか。

「妻の謙称」と「夫の尊称」

妻に対する謙称には「愚妻」「拙妻（せっさい）」「山妻（さんさい）」などいくつかありますが、これらの呼称は手紙に使われることはあっても、会話の中にはほとんど出てきません。「愚妻」は最近まで耳にすることがありましたが、わたしの知る限りでは今はあまり使わないのではないかと思います。自分の妻に対する謙称はなくなりつつある一方で、夫の尊称である「主人」は日常的に耳にします。自分の夫を呼ぶとき多用される「主人」は「家の主」を意味することから、好ましくないと使わない人も少なくないのですが、それでは何と呼ぶかというと、適当な呼び方がありません。夫と妻の双方を指せるのは「パートナー」「つれあい」「伴侶」で、妻を指すのが「妻」「嫁」「家内」「女房」「ワイフ」、夫を指すのが「夫」「旦那」「亭主」でしょうか。「パートナー」は本来仲間とか相棒の意味ですが、人生を共に歩む夫と妻双方を指すことができます。同性のカップルに多く使われています。

「つれあい」「伴侶」も性別はありませんが、少し古めかしいからか、一般的には使われていません。

「嫁」「家内」「女房」「旦那」「亭主」には「主人」と同様の問題があります。最も頭を悩ませるのは、第三者の配偶者に対して適当な呼称が見当たらないことです。日本語では「あなたの妻／夫」は失礼な場合があり、「あなたのパートナー」「あなたのつれあい」もしっくりしません。「ご主人」「旦那様」「奥様」が多く使われているように思いますが、これも「主人」と同様に上下関係を連想させます。「あなたの父」が礼を失する呼称であるように、「あなたの夫」も適当ではありません。「あなたのパートナー」もまだ市民権を得ていないので、前後の文脈がないところでは誰を指しているのか相手は理解できない場合があります。「おつれあい」という人もいますが、これもまだ一般的な呼称ではありません。夫婦観、結婚観が変わり、夫婦関係も「夫唱婦随」が薄れ、多様化が進んで来ているこの時代において、ことばが時代の変化に対応できていない状態です。

「家人」は広義では同居の妻子や眷属を指しますが、狭義では妻あるいは召使を指します。「家の中にいる人」が妻を意味することばとなるのは、外の世界である社会に関わるのは夫で、妻は「家の中にいる人」と位置付けられていたことによりますが、「家人」には更に「召使」の意味もあります。召使と妻が「家人」という一つのことばで表すことができる背景には、妻と夫の関係が、主人と召使の主従関係と同等であったことと無縁ではないと考えられます。

「先妻」「前妻」「未亡人」

「先妻」「前妻」は現在の妻から見た前の妻のことで、「後妻」「継妻」は先妻の後に結婚した妻を指します。前の夫を指すことばには、「先夫」「前夫」があり、再婚した夫には「後夫」「継夫」という呼称があります。いずれも『広辞苑』で見出し語を立てていますが、夫に対する呼称は前の夫であろうと、後の夫であろうと、あまり使いません。

再婚した妻は「後添え」あるいは「後添い」といいますが、これは妻だけを指します。戸籍上の夫婦かどうかが問題になるのは妻だけです。「正妻」「内妻」などのことばによって戸籍上の妻かどうかを表すことができますが、夫について「正夫」「内夫」と区別する習慣はありません。「正妻」「内妻」があるのだから、「正夫」「内夫」があってもよさそうなものですが。

「未亡人」は、夫に先立たれた妻の自称としてつかわれていたものが、夫を亡くした妻という意味に変化し、自称としてはつかわれなくなったものです。「未亡人」とは、未だに死なない人という意味です。かつて中国では夫が死ぬと、妻はそれに殉ずるものと考えられてきました。にもかかわらず、まだ生きている妻は恥ずべきものだったのです。「未亡人」は、今でも使いますが、女性にしか使わないことばであり、暗い歴史を背負ったマイナスイメージをもつことばです。

「家事労働」という労働

家事は時間制限がなく、祝祭日も休めず、定年もありません。

結婚は人生の墓場といわれますが、女性にとって結婚生活は墓場のような静かに横たわる場所ではなく、戦いの場であり、体を休めていたとしても、常に臨戦態勢に身を置いている宿営地のようなものです。「三食昼寝付き」と揶揄する向きもありますが、一年中職場にいるようなもので、日曜日だからといって、正月だからといって、休めるわけではありません。仕事もエンドレスです。溜まった洗濯物を洗濯し終え、ランドリーバスケットを空にしたその日の夜には、またランドリーバスケットが洗濯物でいっぱいになっています。掃除も料理も時間をかけようと思えば、いくらでもかけることができます。際限がないと思いませんか。

「家事労働」ということばがあるように、わたしは、家事は労働以外の何ものでもないと思うのです。経験があれば実績となって評価される労働と異なり、家事は履歴書にキャリアとして記載することができません。また、労働であれば対価を得ることができますが、家事労働にはそれがありません。主婦は労働者として認められていないにもかかわらず、「家事労働」と労働扱いです。不思議な労働です。職業欄に主婦と記載するのを躊躇するのは、労働であっても労働扱いされないという理由からではないかと思います。

一頃、職業欄に「家事手伝い」と書く人がいました。母親の家事を手伝うことをいいますが、結婚が人生の目的と考えられていたころに多くは結婚前の女性が使っていたもので、女性の就労率が七〇%を遥かに超える今は死語になりつつあります。

家事をやりたくないために、仕事が早く終わっても真っ直ぐ家に帰らず、どこかで時間を潰して帰宅する夫がいるそうです。家事をするのはやぶさかでないけれど、妻に文句を言われるのがいやだから、というのが夫の言い分です。一方、妻には逃げ場がありません。常在戦場のようなものですから。

選択的夫婦別姓

内閣府は今年（二〇一八年）二月十日付で、「家族の法制に関する世論調査」の結果を公表しました。それによると、夫婦が希望すれば、結婚前の姓を名乗ることができる夫婦別姓制度の導入に必要な法改正を行っても構わないとする賛成派が四二・五％で、反対派（二九・三％）を上回っています。今回は対象年齢をこれまでの二十歳以上から十八歳以上に引き下げたため、単純には比較できませんが、賛成派の割合は調査開始以来（一九九六年から五年ごとに実施）最も高くなっています。近年、結婚後も何らかの形で仕事をする女性が増え、共働き世帯は専業主婦世帯を大きく上回っています。働く女性が増えたことによって、社会全体の意識が変わって来たのではないかと思います。

法律上は、夫婦どちらの姓を名乗ってもよいことになっていますが、女性が改姓するケースが圧倒的に多く、九十五％以上を占めます。家計を担っているのは男性が多く、改姓すれば仕事に支障が生じるため、改姓は女性がするのが当然と考えられてきました。そんな風潮がある中で、男性が女性の姓に改めるのは、個別の事情がないかぎり容易ではありません。

国会議員の中には、家族の崩壊につながるとして反対する人がいますが、女性議員の中で旧姓を使っている人が少なくありません。氏名は自己を他の人から区別するものであり、社会における存在の証しです。子どもの立場から見ても夫婦同姓は非合理的と主張する朝日新聞（二〇一八年一月九日）に寄せられた投書を一つ紹介します。高校生からの投書です。彼女は高校二年生のとき二回目の名字変更を経験しました。日本では離婚した場合、親権は母親に偏りがちです。名字が変わることによってアイデンティティを失ったような気がしたそうです。ずっと旧姓にちなんだニックネームで呼ばれていたためです。法律上父親の名字を名乗ることも可能ですが、それを母親が望まないケースもあります。彼女は投書の最後を「夫婦別姓」について、

「社会の形態は徐々に変化している。女性の労働力が重要視される中、今まで以上に活動しやすいよう様々な修正が必要となる。（中略）片親の子の傷ついた心に与えるストレスを少しでも減らすためにも、改めて考えて頂きたい」

と結んでいます。

結婚後、改姓するかしないかを選択できる選択的夫婦別姓は理にかなったことではないかと

思います。何か不都合があるのでしょうか。

二〇〇三年には国連の女子差別撤廃委員会から、日本の民法が定める夫婦同姓は差別的であり、改正するよう勧告されました。その後、何度も勧告を受けていますが、一向に改善されていません。

選択的夫婦別姓とは、結婚後も夫婦が望めば、結婚前の姓を名乗ることができるというものです。わたし個人の意見としては、「入籍」という結婚制度を見直し、選択制ではない、すべての夫婦が別姓になる制度が望ましいと考えますが、選択的夫婦別姓が実現すれば、徐々に夫婦別姓に移行していくのではないかと思います。なぜなら、同姓にしなければならない必然性がありませんので。

海外ではどうでしょうか。

韓国では、結婚後も夫婦ともに姓は変わらず、それぞれが結婚前の姓を名乗ることになっているそうです。韓国以外では、中国・カナダ・イタリア・スペインなども同様の制度を採用しています（民法改正を考える会『よくわかる民法改正』）。国際的にみると、日本のように夫婦同姓を法律によって強制するところは極めて珍しいものです。

前掲書『よくわかる民法改正』によると、日本のような制度は例外的であって、日本以外では、結婚後も姓が変わらないか同姓・別姓のどちらかを選択できる選択制を採用しているところがほとんどです。同書によると、夫の姓による夫婦同姓を強制していたタイも、違憲判決を受けて、実質的に選択が可能になっています。

中国では、一九五〇年に発布された婚姻法で、夫婦は各自の氏名を使う権利を有すると定められています。以前行われていた妻が自分の姓の前にさらに夫の姓をつけて名乗る従来の風習を改めました。一九八〇年に発布された新婚姻法では、「子女は父の姓を名乗っても、母の姓を名乗ってもかまわない」と定められています（蘇林『現代中国のジェンダー』）。

日本では夫婦同姓が義務付けられているため、やむを得ず旧姓を通称として使っている人がいます。

結婚前に発表した論文と結婚後に発表した論文で姓が異なる場合、誤解を招く恐れのある研究者、学校などで子どもたちに旧姓で親しまれた教師、顧客に覚えてもらった姓を改めたくない営業担当者など、改姓によって不利益を被る人がいます。

政治家も選挙区で結婚前に得た知名度が落ちるのを恐れ、旧姓を使用している人がいます。独身時代は、夫婦別姓に反対していた政治家の中に、いざ結婚してみると、名字を変えることはいかに不都合かがわかったのか、旧姓を使用している人もいます。

二〇一五年十二月、最高裁大法廷での夫婦別姓を巡る訴訟において、夫婦別姓を認めていない民法規定を「合憲」としています。「改姓による不利益は旧姓の通称使用が広まれば緩和される」としたのです。旧姓の使用を認めることによって、夫婦別姓を否定したことになります。旧姓使用は民間企業や国家公務員にも広がりつつありますが、根本的な解決にはならないのではないでしょうか。

現在の法律では、夫婦別姓を実現するには、事実婚か旧姓の通称使用になります。事実婚は遺産相続で不利益を被る、生命保険の受取人になる際に妻ではなく第三者扱いになる、など法律婚に比べ制約があります。

旧姓の通称使用も問題があります。納税などの行政サービスが戸籍名で行われるため、給与支払いに関わる文書などで戸籍名を要求されることがあるとの理由から、通称の使用を認めない民間企業もあり、徹底できないことが危惧されます。旧姓を使用することが認められることによって、夫婦同姓によって生じる仕事上の不都合をある程度解消できるかも知れませんが、旧姓使用の制度が定着することによって、夫婦別姓への移行を遅らせることになりはしないか、更には否定することになるのではないかという懸念もないわけではありません。

旧姓の通称使用はあくまでも選択的夫婦別姓に移行する暫定的な手段であって、最終目標ではないと位置付けなければならないでしょう。

国際結婚は夫婦別姓です

夫婦同姓で腑に落ちないことがあります。それは、日本人と外国人の結婚あるいは離婚、日本人同士の離婚ではすでに選択的夫婦別姓が適用されていることです。

外国人と結婚する場合、夫婦同姓は適用されず、結果的に夫婦別姓になります。ただし、婚姻の日から六ヶ月以内に限り、外国人配偶者の姓に変更することができます。その後、離婚した場合には、三ヶ月以内に限り、届出によって元の姓に変更することも可能です。

報道によると、「日本人が外国人と結婚する場合は戸籍法の規定で同姓か別姓か選べるのに、日本人同士の場合、同姓のみで別姓の選択肢がないのは、法の下の平等を定めた憲法一四条に反した不合理な差別だ」として、東京地裁に提訴した人がいます。原告は、結婚時に妻の姓を選んだ男性、結婚で改姓した女性、互いの姓を変更したくないとして事実婚を予定している夫婦などです。原告は会見で、「(結婚するまでは) 改姓による不利益はないだろうと思っていたが、旧姓との使い分けで (ビジネスでの) 手間が発生し、大きなストレスを日々感じながら仕事をしている」と述べています。

日本人同士の結婚においても、離婚する場合には選択的夫婦別姓が保障されています。離婚後旧姓に戻ることもできますが、届け出によって、夫の姓を使い続けることもできます。わたしの周囲でも離婚した人が何人かいるのですが、離婚後も結婚前の姓に戻らず、夫の姓を名乗る人がいます。離婚の日から三か月以内に戸籍係に届け出ることによって婚姻中の姓を名乗ることができ、これは相手側の同意を必要としません。つまり、日本でも国際結婚や離婚では同姓、別姓いずれかを選択することができますが、日本人同士の結婚だけ姓を選べないことになっています。矛盾していませんか。

第六章　結婚観の変化

家族は基礎的な単位ですか？

自民党の改憲草案は、「家族は、社会の自然かつ基礎的な単位として尊重される。家族は、互いに助け合わなければならない」と、個人よりも家族に重きを置いているようですが、一人暮らしが増え、「家族」の形態も多様化した今、家族は社会の自然かつ基礎的な単位として機能しているのでしょうか。

「きょうの料理」というＮＨＫの番組があります。長寿番組です。戦後間もないころに始まり、現在まで六十年以上続いている料理番組で、家庭料理だけではなく、お弁当に役立つレシピや漬け物の漬け方なども紹介している番組です。

第一回の放送は一九五七年。敗戦の年から十二年経ち、日本に軍需景気をもたらした朝鮮戦争の勃発からは七年が過ぎていました。戦争による物不足から脱し、豊かさを取り戻したころでしょうか。白黒テレビ、洗濯機、冷蔵庫が三種の神器として、家庭に普及したのも、ちょうどこのころです。

当初レシピは五人分で紹介されていたそうです。

内閣府のホームページによると、一九五〇年代の一家族における平均世帯人員は五人です。その後世帯人員が減少し始めたのは、核家族化が進んだこと、出生率が低下したこと、あるいは高齢になっても子どもの世帯と同居しない夫婦が増えたこと、などを理由として挙げることができます。

平均世帯人員（一世帯の人数）は、一九五〇年代以降減っていきます。一九六〇年代には四人になり、その減少傾向は現在まで続き、今では一世帯二・五人まで減少しました。出生率の低下をもたらした原因として、晩婚化によって子どもができなかったこと、子どもを産まないことを選択する夫婦が増加したこと、などが考えられます。

この平均世帯人員の減少に呼応するかのように、ＮＨＫの「きょうの料理」も五人分から四人分に変わり、更に二〇〇九年から二人分で表示されるようになりました。他の料理番組や料理本なども概ね二人分の表示です。

現在「きょうの料理」では「これなら満足！ひとり分ごはん」というコーナーを設け、一人分のレシピも紹介しています。このコーナーはシリーズ化していることから、視聴者のニーズがあるということです。

一方、単独世帯数（つまり一人暮らしです）の増加も近年の特徴です。総務省統計局が平成二十二年（二〇一〇年）に行った国勢調査によると、単独世帯（一人暮らし世帯）は平成七年（一九九五年）の二五・六%から、回を追うごとに増加し、平成二十二年は三二・四%となっています。おおよそ三人に一人が一人暮らしをしているのが、今の日本の状況です。

「世帯」とは「所帯」と同義で、「所帯」は「所帯をもつ」から分かるように、本来、住居および生計を共にする集団を指しますが（『広辞苑』）、厚労省では、「住居及び生計を共にする集まり又は独立して住居を維持し、若しくは独立して生計を営む単身者をいう」として、ひとり暮らしも「世帯」の中に含んでいます。

夫婦ふたりだけの世帯は平成七年の一七・三%から平成二十二年の一九・八%まで増加しています。一方で夫婦と子どもからなる世帯は平成七年の三四・二%から平成二十二年の二七・九%に減少しています。

平成二十二年には一人暮らしの世帯の割合は、夫婦と子どもからなる世帯の割合を上回りました。家族は社会構成の基礎といわれていますが、社会構成の基礎は確実に単独世帯です。つまり個人です。

標準ではなくなった「標準世帯」

二〇〇九年当時の麻生太郎首相は「（自分には）子どもが二人いるので、最低限の義務は果たしたことになるのかも知れない」と発言しました。いつから子どもを二人産むことが義務になったのでしょうか。そういえば、かつて「標準世帯」あるいは「標準家族」と呼ばれる家族形態がありました。かつてとは、日本が右肩あがりの高度経済成長期にあったころです。「標準世帯」とは、夫婦ふたりと未婚の子どもふたりを構成員とするもので、高度経済成長を支え、理想とされた家族形態です。

夫は企業戦士として外で働き、妻は専業主婦として、家事・育児・介護を一手に引き受けるという夫婦の役割分担が行われていました。専業主婦である妻が家事を担うことによって、夫は仕事だけに集中することができたのです。この役割分担によって、夫婦が一体となって経済成長を支えて来たともいわれています。

郊外にマイホームをもち、定年退職したあとは、子どもや孫に囲まれて、贅沢はできないけれど、年金で暮らしていける。そんな目指すべきモデルがありました。けれども、この理想を維持するためには、右肩上がりの経済成長があって、終身雇用によって定年まで生活が保障されることが前提となります。高度な経済成長期が終わり、先行きが不透明で、将来像を描けなくなった今、「標準世帯」は必ずしも理想ではなくなったのです。夫一人の収入で家計を維持することができなくなり、専業主婦だった女性は、補完するため子育てをしながらでも仕事に出るようになりました。それに加え、女性の自立により結婚出産後も仕事を続ける人も増えています。女性の労働人口は結婚出産にあたる年齢で低下し、子育てが終わった年齢でまた増加するという、いわゆるM字カーブを描いていましたが、近年は子どもを産んだ後も仕事を続ける女性が増え、M字から欧米に多く見られる台形に近づきつつあります。

工業製品に求められる「標準規格」は、製品の形状や品質に対して設けられた基準です。適合するかしないかが製品としての価値を決定します。

標準世帯の条件を満たすか満たさないかが人生の幸不幸を決定するかのように考えられてきましたが、人々の幸福感が多様化した今、家族のありようも一様ではなくなってきたといえるでしょう。

「家制度」からの脱出

近年墓じまいをする人が増えているといわれます。

墓じまいとは、墓を処分することで、理由は墓を管理する後継者がいない、都会で暮らす子どもたちに迷惑をかけたくない、自分自身も高齢になり墓参りができなくなった、などです。

お墓の形態も様変わりしています。女性だけに限定した共同墓・集合墓や樹木葬の墓なども人気がでているといわれます。死後は女性だけで気楽に過ごしたいと考える女性が増えているそうです。独身の女性だけではなく、既婚者もいます。既婚者が夫と同じ墓に入りたくない理由の多くは「死後は夫の世話から解放されたい」「婚家の墓には入りたくない」などで、「家制度」が女性にとっていかに抑圧的に働いているかが理解できます。『東京新聞』(二〇一八年五月二日)の報道によると、「誰と一緒のお墓に入りたいか」という質問に男性の四八・六%が「先祖代々のお墓」と答えたのに対し、女性は二九・九%にとどまっています(第一生命経済研究所二〇〇九年調査)。

まだ若い学生だったころ読んだ小説に円地文子の『女坂』があります。数十年も昔のことですから、おぼろげな記憶しか残っていませんが、「家」を守るため、夫の女遊びと家制度の抑圧に耐え、一生を終えた明治の女性が主人公です。

明治民法の家制度では家長が強い権限をもち、女性は家に従属するものと考えられていました。『女坂』の主人公も夫の「家」を守るため、自我を抑制し、夫の女道楽にも耐え抜くのですが、どんなに抑えようとも、自我をすべて消し去ることはできません。(確か)主人公は夫より先に死んでいきますが、死の床に就いたとき、長い間燻り続けていた夫や「家」に対する怨念を吐き出すのです。主人公が遺したことばは、「葬式は出すな。遺骨は海にでも捨ててくれ」でした。これは、主人公が最期にようやく果たすことができた唯一の抵抗であり、精一杯の復讐であったと記憶しています。『女坂』は明治民法下で「家制度」が重く女性にのしかかっている様子を描いた作品です。

明治の「家制度」は形の上ではなくなりましたが、円地文子が描いた「家」とは程度の差こそあれ、結婚すると改姓しなければならない今の婚姻制度も「家」から完全に解放されたものではありません。

明治から百年以上の時間が流れ、敗戦を契機に女性も参政権を得、男女平等が実現されたかに見えますが、入籍・改姓によってのみ実現される日本の婚姻制度は、明治の「家制度」と本質的には変わりません。「死後は婚家の墓に入りたくない」と考える人が、男性より女性に多いということは、「家制度」は男性より女性に重くのしかかっていることの証左です。

日本の戸籍制度が戸籍筆頭者を定めていることや、結婚離婚によって入籍と除籍を繰り返さなければならないということは、どこか奇妙じゃないですか。『家族と法』は次のように述べています。

（略）婚姻の届出があれば、その夫婦の新戸籍が編成される。（略）九六・三%が夫の氏を夫婦の氏に選択しているから、夫が戸籍筆頭者となる例がほとんどである。そして夫婦の子、養子縁組した子など夫婦と同じ氏の子が順次登録されていく。夫婦が離婚すれば、妻が除籍され、子が婚姻すれば、子が除籍され、結婚改姓した子が離婚し、婚氏続称をしない場合には、旧姓に戻るため、再度、親＝父の戸籍に登録される。たしかに家制度時代の戸籍に比べれば、戸籍に記載される家族の範囲は縮小したが、一つの戸籍に記載される家族の範囲が氏を基準に決定されるという構造に変化はない（二宮周平『家族と法』）。

明治の家制度は、形こそなくなったかに見えますが、現在も戸籍制度の中に依然と「家」という思想を残し、維持されています。

前掲書によると日本のように家族単位の戸籍制度を設けているのは、かつて日本が植民地支配をしていた韓国と台湾だけで、多くは、個人単位の登録になっています。その韓国でも、二〇〇五年三月の戸籍制の廃止に伴い、二〇〇八年一月から、戸籍を廃止し、個人単位の登録制度に改正しました（家族関係登録制度といいます）。

個人ではなく、家族を単位とした家族登録簿のようなものを設けている国々でも、日本のように戸籍筆頭者を定めて、結婚すれば入籍、離婚すれば除籍という仕組みを採用している例はないそうです（前掲書『家族と法』）。

戸籍筆頭者＝父を中心にした戸籍制度は、この形態から外れる家族——たとえばシングルマザー、婚外子など——を差別することにも繋がります。家族単位の戸籍は、就職差別や結婚差別を生むことにもなりかねません。家単位ではなく、個人単位の戸籍制度にすることによって、これらの問題の多くは解決できます。

事実婚

日本では、神や仏の前で永遠の愛を誓い宣誓しても、結婚式を挙げ大勢の前で夫婦となることを宣言しても、婚姻届を出して受理されなければ法律上夫婦と認められません。

一方で事実婚という形式をとる夫婦もいます。離婚あるいは死別により一人暮らしをしている熟年の男女がパートナーとして残された人生をともに過ごしたいと考えたとき、事実婚を選択するケースがあります。結婚することが目的ではなく、ともに協力しながら余生を暮らすことを目的とした場合、重要なことは男女間の結びつきであって、結婚届けは単なる形式に過ぎないものになります。

事実婚は法律で認められた婚姻（法律婚）に比べ、不利益が少なくないのですが、不利益よりも事実婚のメリットを選択するカップルもいます。どちらかに子どもがいた場合、財産分与でもめたくないという人もいます。結婚して姓が変わることを好まない人もいます。結婚という形式に必ずしも囚われる必要はなく、事実婚を選択する人たちも少なくないようです。互いの独立性を尊重しつつ、共同生活を営むカップルもいますが、同居せず、互いの家を行ったり来たりするカップルもいます。

快適と考えるライフスタイルは人によっても、カップルによっても、異なるはずです。どんなライフスタイルを選択しようとも、結婚の形態の違いによって、一人ひとりの権利が侵されることがないよう保障することが政府の役割です。

すでに家族の形態が多様化している現代において、自民党の改憲草案にある家族は助け合わなければならないといった精神論は意味を持たないのではないでしょうか。

同性婚

お茶の水女子大は男性の体で生まれ、女性として生きるトランスジェンダーの入学を認める決定をしました。

体の性と心の性が一致しないトランスジェンダーと呼ばれる人は、男性は三万人に一人、女性は十万人に一人といわれています。同性愛者などを含めて、性的少数者（ＬＧＢＴ）と呼ばれています。ＬＧＢＴは次の頭文字をとった総称です。

Ｌ：lesbian レズビアン
Ｇ：gay ゲイ
Ｂ：bisexual 両性愛者のバイセクシュアル
Ｔ：transgender 身体と心の性に違和感があるトランスジェンダー

先進国の多くで、ＬＧＢＴに対する差別を禁じる法律がありますが、日本ではまだ成立していません。二〇一四年には五輪憲章でも、「性的指向による差別禁止」が明記されていますが、日本では「ホモ」「オカマ」という蔑称もなくなりません。最近では、二〇一七年の九月に、フジテレビ系のある番組で「ホモ」ということばが、嘲笑の対象として使われたとして、批判を受けました。

ＬＧＢＴに対する無理解がなかなかなくなりませんが、そんな中で、近年、企業や自治体で好転する動きもあります。

新聞報道によると、キリンホールディングスは性同一性障害の社員が性別適合手術やホルモン療法などの治療を受ける場合、最大六十日の有給休暇を取得できるよう制度化するそうです。文京区では、性的少数者に対する差別を条例で禁止していましたが、更に区が発注する工事などで事業者と取り交わす契約書類に性的少数者への差別禁止を明記するようになりました。

かつて社会から排除されてきた性的少数者を認めようとする動きは、結婚は両性によって行われなくてはならないという固定的な観念にも風穴を開けることになりました。まだ不十分ですが、同性婚を認める方向へ一歩進んだといえるでしょう。

台湾では、アジアで初めて同性間の結婚を禁じることは憲法違反になるという判決が出ました。台湾の司法院大法官会議によって、同性愛を認めないのは違法との判断が示されたのです。

憲法解釈を行う大法官会議は憲法で保障されている「婚姻の自由」と「平等権」に違反するとして、二年以内に法整備をするよう命じました。仮に二年以内に法整備ができない場合には、自動的に同性婚を認めることになっています。

二〇一六年の五月、イタリアで同性カップルに結婚に準ずる権利を認める法律が成立しています。ドイツでも一七年に同性婚が法制化されました。先進七か国（G7）で法制度がないのは日本だけです。

日本が同性婚を認めていないことによって、日本人と外国人の同性婚に切実な問題が生まれています。異性間の婚姻では、外国人は配偶者として在留資格が得られますが、同性婚の場合は配偶者にはあたらないということで、別途就学や就労による在留資格を得なければなりません。

近年、日本でも不十分ながら、複数の自治体で同性婚を認める動きがあります。東京都の渋谷区と世田谷区では同性カップルに対して、「パートナーシップ証明書」や「パートナーシップ宣誓書受領証」の発行を行っています。すでに、パートナーが手術を受ける際に証明書を病院に提示した人や、生命保険の受取人の変更をすることができた人がいます。札幌市、三重県伊賀市、兵庫県宝塚市、那覇市などでも導入されています。

ところが、逆行する動きもあります。

報道によると、名古屋市で二〇一四年に男性（当時五十二歳）が殺害された事件で、この男性と長年同居していた同性のパートナー（四十二歳）が申請した遺族給付金について、愛知県公安委員会は「配偶者（事実上の婚姻関係を含む）」に該当しないとして、不支給を決定しました。決定理由は明らかにされていません。弁護士によると、パートナーは約二十年間同居し、給料を男性の口座に入金するなどしていたことから「事実上の婚姻関係に該当する」として国の犯罪被害者給付制度に基づき、二〇一六年十二月に遺族給付金を申請しました。この申請に対する公安委員会の決定です（『朝日新聞』二〇一七年十二月二十九日）。

パートナーシップは法的に結婚証明書と同等の意味をもつものではなく、実施している自治体もまだごく一部で、他の自治体へ転居した場合には返納しなければなりません。死亡時の相続ができない、実施地区が限られている、など不十分ですが、進むべき方向性は定まっています。

それは、異性婚だけではなく、同性婚も一つの家族形態として認める方向です。

どう違う？「結婚適齢期」と「生涯未婚率」

かつて結婚適齢期ということばが平然と使われていました。「五の声を聞くと行きそびれる」と言われたものです。五の声とは二十五歳のことで、四年生の大学を出ると結婚相手を見つけるのが難しいともいわれ、「結婚適齢期」ということばは女性の生き方に重くのしかかっていました。当時は「行かず後家」「オールドミス」「売れ残り」など耳を疑いたくなるようなことばが平然と使われていたのですから。

男性もある程度の年齢になれば、未婚でいることに肩身の狭い思いをしているのかも知れませんが、「行かず後家」「オールドミス」「売れ残り」に対応する男性の呼称をあまり耳にしないところを見ると、結婚適齢期は女性だけに向けられたことばであったように思います。

「売れ残り」は比喩表現であって、女を商品と見ていたわけではないでしょうが、思い出してほしいのです。一九六〇年代から七〇年代にかけて日本の男たちがツアーを組んで韓国やフィリピンに行き、女性を、いや、少女を性の対象として買っていたことを。いわゆる買春ツアーです。その後しばらくして海外からの批判を浴び、国内でもマスメディアで報道されたため、鳴りを潜めたかに見えますが、マスコミに取り上げられることがないだけで、今でも行われているともいわれます。

夫に先立たれた女性が子どもを抱えて生きてゆくのは現代社会であっても過酷なことです。歯を食いしばって頑張らざるを得ないにもかかわらず、がんばれば「後家のがんばり」と揶揄されました。

「三年子なきは里に返す」はかなり古い時代のことですが、このことばの影響から抜け出せず、長い間不妊の原因はすべて女性にあると考えられてきました。現在では原因は男女双方にあることが明らかにされていますが、古い思想が医学という科学的な分野にも影響を及ぼしたようです。女性の不妊治療には力が注がれましたが、長い間男性の不妊治療には目が向けられなかったとのことです。これが男性の治療が遅れた原因の一つともいわれています。

近年晩婚が進み、離婚の増加によって再婚する人も増えています。高齢者の結婚も増え、六十代、七十代になって婚活をする人もいます。年齢にかかわらず結婚したいときが適齢期です。「生涯未婚率」は「結婚適齢期」と同じ価値観で使われます。

「生涯未婚率」とは五十歳までに一度も結婚していない人の割合をいいます。厚労省の国立社会保障人口問題研究所が五年に一回行っている国勢調査をもとに算出しているもので、生涯未婚率は上昇の傾向にあります（表4）。

この四十年で結婚しない人が大幅に増加していることが分かります。厚労省では今後も増え続けるとみています。特に男性の未婚率の上昇が顕著です。わたしの周囲を見渡してみても、三十歳を越えて結婚しない人は決して珍しいことではありません。

けれども、この調査について問題にしたいのは、未婚者の増加という調査結果ではなく調査の動機付けです。なぜ未婚率を調査する必要があるのか。人生百年と言われる現代において、なぜ生涯を五十歳に限定するのか。そもそも結婚しないという選択肢はないのだろうか。結婚しても産まないという選択肢はないのだろうか。

調査対象が五十歳までの結婚に限られるのは女性の出産可能な年齢を前提にしているからといわれています。その根拠は、厚生労働省では十五歳から五十歳を出産可能年齢としていることにあります。厚労省の合計特殊出生率（一人の女性が生涯に産むと見込まれる子どもの数）の計算も、この十五歳から四十九歳の女性を対象にして行っています。

「生涯未婚率」で五十歳までの未婚か既婚かを問うのは出産可能年齢を前提にしたもので、結婚＝出産という固定観念から抜け出ていないことの証左です。

近年結婚する人が減少していますが、六十代の結婚は過去二十五年間で、男女とも増加しています。六十歳、七十歳、八十歳になってから人生のパートナーを得るのも一つの生き方ではないでしょうか。結婚は子どもを産むことだけを目的にするものではないはずです。「生涯未婚率」ということばの奥には、かつて結婚・出産を迫った「結婚適齢期」や「結婚して半人前、子どもを産んで一人前」という旧い規範が衣を変えて潜んでいるような気がします。本質は変わっていないということでしょう。

表４　生涯未婚率の変化

	男	女
1970 年	1.7%	3.3%
2010 年	20.1%	10.6%

国立社会保障人口問題研究所（2010）をもとに作成

わたしは子どもを産んだ経験も育てた経験もありませんが、人間社会に七十年近く生きてゆく中で、多くの人と交わり、たくさんの本を読みました。それなりに成長できたのではないかと思います。欧米の学者だったか、作家だったか忘れましたが、「わたしには子どもを育てた経験はないが、子どもを育てなかった経験はある」とどこかに書いていました。人それぞれ長い人生の中でさまざまな経験をし、学習をしていくものです。「人間の幸福とはこうだ」という絶対的なものはないはずです。「幸福」をどう考えるかは個人の問題であり、振り返ってみたとき、「あのときは幸せだった」といえる程度の相対的なことなのではないでしょうか。

ＮＨＫの調査によると、「結婚しなくてよい」と考える人は、一九九三年の五一％から、二〇一三年の六三％に上昇し、「結婚しても必ずしも子どもをもてなくてよい」と考える人は、一九九三年の四〇％から、二〇一三年の五五％に増加しました。結婚と出産に対して半数の人が拘っていないという調査結果です。国民のレベルでは確実に価値観が転換されているようです。「結婚適齢期」も「生涯未婚率」も本質においては大きな違いはなさそうです。

「結婚は人生の通過点」

「女の知恵は後に回る」は女性の頭脳が男性に及ばないことをいいますが、女性が教育を受けることを拒んだのは、女性自身ではありません。今ではさまざまな分野で女性は活躍しています。漢字とともに日本に伝来した儒教では女性には「三従（家にあっては父に従い、嫁しては夫に従い、夫が亡きあとは子に従う）」と呼ばれる、従わなければならない三つの道がありました。常にだれかに服従し、主体的に考えないことが求められ、社会に出て活躍する機会が与えられない歴史が長く続きました。

女性は幼いころから、男性に好まれる女性になるよう教育され、女性の幸不幸も結婚する男性によって決まると教えられてきました。男社会の中では女性が主体的に生きることは容易ではなく、女性の幸せは結婚によって決まると、子どものころから刷り込まれてきたのです。女性は結婚によって幸せが得られるとすれば、結婚によって不幸になることもあるということです。もちろん、結婚によって、幸せにもなり、不幸にもなるのは、男も女も同じです。けれども、女性の場合は、子どものころから、それが人生のすべてを決定づけると教えられてきたのであり、この考え方は今もなお女性の中に固定観念として浸透しています。男性の職業や収入が結婚相手の条件として挙げられるのは、夫の出世が妻の成功であり、妻のステータスと教えられてきたからです。

「女は男次第」と教え込まれた女性は、男が好む女性になろうとします。男が好む女性になるために、弱い人間を装ったり、無知にみせたりするのです。自身を下に見せて男性を優位に立たせる女性を、『負け犬の遠吠え』の著者酒井順子さんは「男尊女子」と命名しています。

結婚がすべてと考えられていた社会では、結婚の機会に恵まれなかった女性や、結婚したけれども、何らかの事情で結婚生活が破たんした女性には、不幸のレッテルが貼られました。

かつては離婚して実家に帰ると、「出戻り」ということばが待っていました。今では、離婚する人も多く、再婚率も上昇しています。厚労省によると、「夫婦ともに再婚、あるいはどちらかが再婚」は上昇傾向にあり、二〇一五年は二六・八％で、四組に一組の割合になっています。再婚する人が増えているということは離婚する人も増えていることになります。離婚は結婚より大変だといいます。それでも離婚を選ぶのは、結婚だけが女性の幸せではないと考える人が増えているということでしょう。

総務省の発表によると、シングルマザーも百万人を大きく超えています。シングルマザーは、未婚・離婚・死別を含みますが、離婚によるものが八割を占めています。

結婚が女性の最終目標ではなく、人生の一つの通過点と考えられるようになったのです。

M字カーブはほぼ解消、でも……。

総務省の労働力調査（二〇一七年）によると、働く男性は八五・六％、女性は六九・四％で、女性の約七割が就労していることになり、過去最高の水準を記録しました。

これまで日本の女性の働き方は、欧米の女性が台形を示すのに対して、長い間M字カーブを描いてきました。欧米では就職したあと、結婚や出産によって離職する人が少ないことから、三十歳前後の労働力の落ち込みが少なく、定年までフラットな線を描きますが、日本は、結婚や出産によって、三十代を中心に労働力が減少し、子育てが一段落した四十代で再び仕事をするケースが多く、グラフに描くと、Mに似ていることから、M字カーブと呼ばれています。今回の調査では、M字カーブがほぼ解消されて、欧米の台形に近づきつつあるという結果が出ました。

それはそれで喜ばしいことです。「一億総活躍社会」「男女共同参画社会」などの政府のスローガンが功を奏したのかも知れません。

ところが働き方や賃金を見ると、男女間では大きな違いがあります。総務省統計局によると、正規雇用は男性が約七割を占めますが、逆に非正規雇用では女性が約七割を占めています。派遣社員の平均賃金も厚生労働省派遣労働者実態調査（二〇一二年）によると、時給換算で男性が千四百九十五円で、女性は千二百三十六円。ここでも男女間に格差があります。管理職に占める女性の割合を見ても、わずか一割程度です。「男女共同参画社会」といっても、これが今女性が置かれている現状の姿です。

男性の育休取得率の低さを見ると、家事と育児と仕事という女性の過重負担が懸念されます。女性が家事、育児、介護を担っているという実態は変わらず、保育所の整備や男性の育休取得率の向上などの就労環境も大きな改善が見られない現状においては女性就労者の増加には限界が予想されます。M字カーブの解消という現象面だけではなく、働き方にも注意を払う必要がありそうです。

終わりに

すでに本文で述べましたが、わたしは子どものころ、関西にある当時人口五万人ほどの城下町に住んでいました。ある日、学校からの帰り道、中学に入ってすぐ仲良くなった女の子とたこ焼き屋さんに入ったときのことです。そこはわたしの自宅から歩いて五分ほど行ったところにある、椅子が二、三脚置いてあるだけの、おばちゃんが何もかもひとりで切り盛りしている小さな店でした。おばちゃんは何気なく訊いたのだと思います。「どこに住んでるんや」と尋ねられた友人が答えたのは、彼女が住んでいる町の名前ではなく、隣町の名前でした。まだ、十二、三歳の中学生が、すでに町名を名乗ることで嫌な思いをしたことがあったのでしょう。あれから五十年もの月日が流れましたが、未だに部落差別はなくなっていません。一六年に施行された部落差別解消促進法の条文は、今なお部落差別があると指摘しています。

やはり中学のころだったと思います。自分で買ったのか、父が買い与えてくれたのか、恐らく後者ではなかったかと思いますが、『にあんちゃん』という本を通して、在日に対する差別を知ることになります。『にあんちゃん』は在日韓国人の少女が書いた日記を一冊の本にまとめたものです。戦争は終結したものの、日本全体がまだ貧しかった時代に、両親を亡くした四人兄姉がめげずに助け合いながら、生きていくさまに心を打たれた一冊でした。

わたしが大学に入ったのは、日米安保条約自動延長を二年後に控え、ベトナム戦争は泥沼化し、学生運動が全国の大学に広がりを見せていた一九六八年です。高校の授業で習った政治経済の科目（正確な科目名も先生のお名前も失念してしまいましたが）に興味を持ち、大学では社会学を専攻したのですが、学園闘争の嵐はわたしの大学にも吹き荒れ、授業は休講。そんな中で知り合った大学の先輩である在日中国人とひょんなことから結婚したのは一九七四年、日中間の国交が正常化した二年後のことです。中国ブームは起きていましたが、発展途上国であった中国に対する理解は浅く、戦前から引き摺って来た「在日」に対する差別意識が強く残っていました。その後石原元都知事の「三国人」「シナ人」などの蔑視表現が声高に叫ばれるようになります。そのことばは、批判されながらも、賛同する人も少なくなく、近年は更に強化されてきているように感じます。書店で売られている本の中から、反中・反韓、嫌中・嫌韓の書籍を見つけるのはたやすいことで、反中・反韓、嫌中・嫌韓でなければ、売れないとまでいわれています。

ヘイトスピーチ解消法が成立して一年が過ぎましたが、一部の自治体を除いて罰則がないためか、十分に機能しているとはいえない状況です。このことはヘイトスピーチがなくならないことから、窺い知ることができます。

中学一年生のとき、被差別部落の存在を知り抱いた「なぜ同じ人間なのに、差別するのだろう」という疑問は今なお心の中に燻り続けています。

わたしにはその疑問に対して答えを出すだけの力量はありませんが、人間が作り出したことばが、人間が作り出したが故に、不均衡、差別的といった矛盾を内包することとなり、そしてその矛盾に対して、自らが作り出したものであるが故に、無防備となり、日常のコミュニケーションにおいて不用意に使い続けているという点は不十分ながら明らかにすることができたのではないかと思います。

本書の執筆にあたって、多くの先達の著書や論文を参考にさせていただきました。第Ⅳ部男性支配社会の執筆は多くの女性研究者による研究成果なくしては成し得なかったものです。その努力に改めて敬意を表します。

本書の刊行にあたって、共同通信社客員論説委員岡田充さん、花伝社社長平田勝さん、編集者の大澤茉実さんにはたいへんお世話になりました。最初に原稿をお読みいただいた岡田さんには、刊行を躊躇していたわたしの背中を押していただきました。心より感謝申し上げます。

最後に執筆中、わたしの体調を気遣い支えてくれた夫にも謝意を伝えたい。

二〇一八年盛夏。自宅にて。

参考文献

はじめに

村山司、二〇〇九、『イルカ――生態、六感、人との関わり』中央公論新社

第Ⅰ部　多文化社会

出井康博ほか「気がつけば移民国家」、二〇一七、『Wedge6月号』株式会社ウェッジ
岡田哲、二〇〇二、『ラーメンの誕生』筑摩書房
嘉本伊都子、二〇〇八、『国際結婚論⁉　歴史編』法律文化社
嘉本伊都子、二〇〇八、『国際結婚論⁉　現代編』法律文化社
小菅桂子、一九九八、『にっぽんラーメン物語』講談社
J・V・ネウストプニー、一九八二、『外国人とのコミュニケーション』岩波書店
篠田謙一、二〇〇七、『日本人になった祖先たち――DNAから解明するその多元的構造』NHK出版
陣野俊史、二〇一四、『サッカーと人種差別』文藝春秋
滝川昌宏、二〇〇四、『近江牛物語』サンライズ出版
21世紀研究会編、二〇〇〇、『民族の世界地図』文藝春秋
二宮周平、二〇〇七、『家族と法――個人化と多様化のなかで』岩波書店
福岡伸一、二〇〇七、『生物と無生物のあいだ』講談社
ベルトラン・ジョルダン・山本敏充監修（林昌宏訳）、二〇一三、『人種は存在しない』中央公論新社

溝口優司、二〇一一、『アフリカで誕生した人類が日本人になるまで』ソフトバンククリエイティブ
好井裕明、二〇〇九、『排除と差別の社会学』有斐閣

第Ⅱ部　多言語社会

上村英明、二〇〇七、『知っていますか？　アイヌ民族一問一答』解放出版社
梅原忠夫・小川了編、一九九〇、『ことばの比較文明学』福武書店
大野晋他、二〇〇一、『日本・日本語・日本人』新潮社
佐藤亮一、二〇一五、『滅びゆく日本の方言』新日本出版社
真田信治、二〇〇一、『方言は絶滅するのか――自分のことばを失った日本人』ＰＨＰ研究所
瀬川拓郎、二〇一五、『アイヌ学入門』講談社
田中克彦、一九八一、『ことばと国家』岩波書店
中村桃子、二〇〇一、『ことばとジェンダー』勁草書房
中村桃子、二〇〇七、『〝性〟と日本語――ことばがつくる女と男』日本放送出版協会
中村桃子、二〇一二、『女ことばと日本語』岩波書店

第Ⅲ部　高齢社会

上野千鶴子、二〇一一、『おひとりさまの老後』文藝春秋
杉田聡、二〇一三、『「買い物難民」をなくせ！――消える商店街・孤立する高齢者』中央公論新社
ゼップ・リンハルト「日本社会と老い」、伊東光晴編、一九八六、『老いの発見１　老いの人類史』岩波書店
高瀬広居、一九七八、『老年ほど素晴しいものはない』山手書房
浜田晋、一九九〇、『老いを生きる意味――精神科の診療室から』岩波書店

日野原重明、一九八五、『老いを創める』朝日新聞社
藤田孝典、二〇一五、『下流老人』朝日新書
藤田孝典、二〇一六、『続・下流老人』朝日新書
マルコム・カウリー（小笠原豊樹訳）、二〇一五、『八十路から眺めれば』草思社
宮城音弥、一九八二、『人間年輪学入門熟年・高年』岩波書店

第Ⅳ部　男性支配社会

阿辻哲次、一九九四、『漢字の字源』講談社
阿辻哲次、二〇〇四、『部首のはなし――漢字を解剖する』中央公論新社
阿辻哲次、二〇〇八、『漢字を楽しむ』講談社
岩月純一「近代ベトナムにおける「漢字」の問題」、村田雄二郎・C・ラマール編、二〇〇五、『漢字圏の近代　ことばと国家』東京大学出版会
遠藤織枝、一九九八、『気になります、この「ことば」』小学館
生越直樹「朝鮮語と漢字」、村田雄二郎・C・ラマール編、二〇〇五、『漢字圏の近代　ことばと国家』東京大学出版会
角川書店編、一九九七、『女偏の漢字』角川書店
金谷治訳注、一九六三、『論語』岩波書店
キトレッジ・チェリー（栗原葉子・中西清美共訳）、一九九〇、『日本語は女をどう表現してきたか』福武書店
小寺初世子、二〇〇〇、『女性差別をなくすために』明石書店
川田文子、二〇〇〇、『女という文字、おんなということば』明石書店

佐々木瑞枝、二〇〇九、『日本語ジェンダー辞典』東京堂出版
蘇林、二〇〇五、『現代中国のジェンダー』明石書店
高島俊男、二〇〇一、『漢字と日本人』文藝春秋
竹信三恵子、二〇一三、『家事労働ハラスメント——生きづらさの根にあるもの』岩波新書
陳舜臣・陳謙臣、一九八五、『日本語と中国語』徳間文庫
水田珠枝、一九七三、『女性解放思想の歩み』岩波書店
ヴォルフラム・エーバーハルト（大室幹雄・松平いを子訳）、一九九一、『中国文明史』筑摩書房
民法改正を考える会、二〇一〇、『よくわかる民法改正——選択的夫婦別姓&婚外子差別撤廃を求めて』株式会社朝陽会
安井二美子「日中助数詞の認知意味論的研究」語学教育研究所編、一九九八、『語学教育論叢』大東文化大学語学教育研究所

安井二美子（やすい・ふみこ）
1950年生まれ。立教大学社会学部卒。東京大学大学院総合文化研究科言語情報科学専攻博士課程修了。専門は中国語学、日中対照言語学。立教大学、東京大学、法政大学などで約20年間非常勤講師を務める。現在、日中対照言語学会理事。著書『彦根ことばとその周辺』（サンライズ出版）、『中国語類義語のニュアンス』『どうちがう？中国語類義語のニュアンス』（共著、東方書店）、『中日辞典第一版』（本文執筆・校閲、小学館）他。

ちょっと待った！　その言葉

2018年8月20日　初版第1刷発行

著者 ——安井二美子
発行者 —平田　勝
発行 ——花伝社
発売 ——共栄書房
〒101-0065　東京都千代田区西神田2-5-11出版輸送ビル2F
電話　03-3263-3813
FAX　03-3239-8272
E-mail　info@kadensha.net
URL　http://www.kadensha.net
振替 ——00140-6-59661
装幀 ——黒瀬章夫（ナカグログラフ）
印刷・製本—中央精版印刷株式会社

JASRAC　出1808439-801

ISBN978-4-7634-0866-2 C0095